FÜR NUDELJUNKIES

SÜSSE IDEEN UND FRÜHSTÜCKSVARIANTEN

DAS MUSS WEG

VORWORT

Nie im Leben hätte ich es für möglich gehalten, dass ich einmal ein eigenes Kochbuch verfasse. Schon immer ist es mein Traum gewesen, Autorin zu werden, und ich kann mein Glück kaum fassen, dass dieser Traum nun wahr geworden ist. Ich möchte mich bei dir dafür bedanken, dass du mich dabei unterstützt und dieses Buch gekauft hast.

Und falls es dir momentan finanziell vielleicht nicht so gut geht, möchte ich dir Folgendes sagen: Fühl dich ganz doll gedrückt. Du solltest wissen, dass du dich für nichts schämen musst! In diese Situation kann jeder geraten, denn es gibt so viele Ereignisse im Leben, die einen in eine finanzielle Notlage bringen können. Ich hoffe sehr, dass dir dieses Buch helfen wird, beim Kochen (und Backen) Geld zu sparen. Und ich hoffe, dass sich deine finanzielle Lage bald verbessert.

Über die Jahre habe ich gelernt, dass es so viele kleine Dinge gibt, die nicht viel Geld kosten müssen, aber glücklich machen – wie zum Beispiel ein einfaches, aber leckeres Essen in netter Gesellschaft.

Ich wünsche dir viel Spaß beim Lesen, Kochen und Genießen!

JENNY

JENNIFER KUSCHEL

DAS BROKE KOCHBUCH

Leckere Rezepte für wenig Geld

INHALT

MEHR REZEPTE UND SPARTIPPS FINDEST DU HIER:

foodandfamily

food8family

foodandfamily

10 DINGE,

die du unbedingt im Haus haben solltest

HAFERFLOCKEN

Haferflocken sind ein echtes Multitalent – sie sind gesund, man kann viele Gerichte damit toppen oder sie geschickt im Essen „untermogeln", denn meine Kinder essen sie eigentlich nicht so gerne. Ich verwende sie in Suppen oder röste sie statt Nüssen in der Pfanne an, denn Nüsse sind sehr teuer.
Haferflocken kann man auch in Pfannkuchen- oder Brotteig verwenden, damit wird der Teig nahrhafter. Zudem sind sie überall erhältlich und günstig, lassen sich prima lagern und gehören deshalb in jeden Vorratsschrank.

ROTE ODER GELBE LINSEN

Mit Linsen war ich bis zu meinem 25. Lebensjahr wenig vertraut, doch heute kann ich mir meine Küche ohne diese besonderen Hülsenfrüchte kaum noch vorstellen. Ich verwende sie häufig in Suppen oder Soßen. Falls diese zu wässrig geraten sind, fügt man ein paar Linsen zu und kann die Suppe oder Soße damit andicken. Zudem sind sie sehr günstig und lange haltbar.
Wenn man auf Fleisch verzichten möchte, dienen sie außerdem als Proteinlieferant, so etwa in unserem Rezept für „Schummelspaghetti" (siehe S. 86).

KICHERERBSEN

Kichererbsen kommen bei mir erst seit Kurzem zum Einsatz. Ich verwende sie besonders gern als Fleischersatz. Zum Beispiel ersetze ich das Hühnerfleisch in Chicken-Curry-Rezepten durch Kichererbsen und es schmeckt genauso gut (siehe S. 46 Curryreis mit Kichererbsen).
Ich kaufe sie gerne in Dosen, da man den Sud als Eiweißersatz zum Beispiel für Kuchenrezepte nutzen kann. Sie lassen sich zudem prima pürieren und unter Soßen, Suppen oder Kartoffelbrei mischen.

TOMATEN

Sei es frisch, getrocknet oder in der Dose – dieses Wundergemüse muss bei uns zu Hause immer vorrätig sein. Es gibt unzählige Gerichte, die man daraus zubereiten kann. Ob als Tomatensoße, Suppe oder in Scheiben geschnitten auf einer frischen Scheibe Brot – Tomaten gehen immer!

ZWIEBELN

Sie sind nicht nur günstig, sondern liefern vor allem sehr viel Aroma. Es gibt nichts Schöneres, als sie mit Öl, Margarine oder Butter anzubraten und sich an diesem Geruch zu erfreuen. Klein geschnitten können sie in einer fest verschlossenen Dose lange im Tiefkühlschrank aufbewahrt werden und beim Kochen schnell zum Einsatz kommen.

APFELMUS

Im Glas kann man Apfelmus eine Weile lagern und es gibt so viele Möglichkeiten, wofür man ihn verwenden kann. Eier, die teuer und nicht lange haltbar sind, lassen sich in Kuchenrezepten prima durch Apfelmus ersetzen (siehe S. 101 Vegane Schokomuffins und S. 110 Kuchen ohne Ei). Als günstiger Nachtisch oder Topping für Pfannkuchen, Milch- oder Grießbrei ist er nicht nur bei Kindern sehr beliebt.

Äpfel, die nicht mehr ganz frisch oder voller Druckstellen sind, lassen sich im Handumdrehen zu Apfelmus verarbeiten und müssen so nicht weggeschmissen werden. In luftdicht verschlossenen Gläsern oder gefroren in Eiswürfelformen hält er sich einige Zeit.

MEHL

Wie wahrscheinlich jeder Haushalt haben auch wir immer Mehl zu Hause. Ein Vorrat an Mehl kann dabei helfen, sich einen Einkauf zu sparen. Wenn zum Beispiel kein frisches Brot mehr da ist, kann man selbst eins backen oder zum Frühstück daraus schnelle Pfannkuchen oder Waffeln zubereiten. Auch ein Pizzazeig ist schnell gemacht und kann mit Resten aus dem Kühlschrank belegt werden. Ob lieber Dinkel-, Weizen- oder Roggenmehl, ist Geschmackssache.

THUNFISCH

Wir lieben Thunfisch und in Dosen ist er ungeöffnet recht lange haltbar. Zudem ist Fisch eine gute Nährstoffquelle und Thunfisch häufig preiswerter als andere Fischsorten.

Daraus kann man leckeres Sushi (siehe S. 53 Sushi-„Salagne") oder einen Brotaufstrich (siehe S. 38 Reiswaffeln mit Thunfisch-Creme) zubereiten. Eine Pizza lässt sich damit ebenso gut belegen. Mit etwas Sahne, Zwiebel und ein paar Gewürzen lässt sich daraus auch eine schnelle Nudelsoße zaubern. Thunfisch schmeckt zudem heiß und kalt.

BUTTERGEMÜSE

Tiefgefrorenes Buttergemüse ist überall erhältlich, sehr günstig und vielseitig verwendbar. Man kann es als Beilage zu Kartoffeln servieren oder Reis- und Nudelgerichte damit verfeinern. Eines unserer Lieblingsgerichte ist die Curry-Buttergemüse-Pfanne (siehe S. 12).

Als Alternative zu frischem Gemüse hat es außerdem immer Saison.

SPINAT

Spinat ist einfach lecker, gesund und vielseitig. Ich habe ihn schon als Kind gerne gegessen und verwende ihn auch heute noch für Nudel-, Kartoffel- oder Reisgerichte – entweder frisch oder aus der Tiefkühltruhe.

Tiefgekühlt ist er lange haltbar und zudem günstig. Mit nur wenigen Gewürzen lässt sich daraus zum Beispiel ein leckeres Nudelgericht (siehe S. 66 Nudeln in Spinatsoße) oder eine Blätterteigfüllung (siehe S. 57 Spinat im Blätterteig) zubereiten. „Versteckt" in einem Obst-Smoothie liefert frischer Spinat viele wichtige Nährstoffe.

MEINE 10 BESTEN SPARTIPPS

DOSEN ALS ANLAGE

Dosen haben leider einen ziemlich schlechten Ruf, doch ich habe mir angewöhnt, bei jedem Einkauf 1–2 Dosen mitzunehmen, z. B. Tomaten, Erbsen oder Fertigsuppen. Dadurch habe ich immer einen kleinen Vorrat angelegt für Zeiten, in denen das Geld knapp ist. Außerdem spart man bei der Zubereitung Energie und Zeit. Wenn man einmal krank ist und keine Kraft hat, einkaufen zu gehen oder etwas Frisches zu kochen, erleichtert das den Alltag. Zudem lassen sich Dosen lange lagern und ausgewaschen wunderbar als Blumentopf oder Stiftehalter verwenden.

DIE KLEINGELDMETHODE

Mich stört das Geklimper von Kleingeld in meinem Portemonnaie. Deshalb habe ich mir angewöhnt, wenn ich Rückgeld als Kleingeld erhalte, dieses sofort in meine Spardose zu tun. Über einen längeren Zeitraum betrachtet, kommt dabei eine kleine Summe zusammen. Den Inhalt der Spardose bringe ich dann zu einem Münzautomaten oder ich rolle die Münzen selbst zusammen und gebe sie am Schalter ab – so werden von der Geldsumme am Münzautomaten keine 10 % abgezogen. Informiert euch einfach bei eurer Bank, denn jede Bank handhabt das unterschiedlich.

EINFRIEREN

Es gibt so viele Lebensmittel, die eingefroren werden können und dadurch nicht im Müll landen. Zum Beispiel kann man die selbst gemachte Gemüsebrühe (siehe S. 123) in große Eiswürfelbehälter füllen und so ähnlich wie Brühwürfel für die Zubereitung von Suppen und Soßen verwenden. Auch Reste von Pfannkuchenteig lassen sich prima einfrieren. Obst oder Gemüse, das man nicht schafft zu verbrauchen, bevor es ungenießbar wird, kann man gewaschen und klein geschnitten in Gefrierbeuteln ebenfalls einfrieren.

ESSENSPLAN

Ohne Pläne geht bei mir bekanntlich nichts und deshalb schreibe ich vor dem Einkaufen immer einen Einkaufszettel. Dafür schaue ich, was noch im Haus ist. Anschließend plane ich die Mahlzeiten für eine Woche mit einem festgelegten Budget und schreibe auf, welche Zutaten ich dafür einkaufen muss. Zudem notiere ich mir zu jedem Produkt den aufgerundeten Preis, damit ich mein Budget nicht überschreite. So bekomme ich einen besseren Überblick und kaufe nur das Nötigste ein.

SEI OFFEN FÜR VEGGIE

Fleisch und Fisch sind sehr teuer geworden. Auch deshalb lohnt es, sich mit dem vegetarischen Ernährungsstil auseinanderzusetzen. Man braucht nicht immer eine tierische Beilage auf dem Teller, auch wenn man es vielleicht so gewohnt ist. Aus Gemüse und nahrhaften Beilagen wie Kartoffeln, Reis oder Nudeln lässt sich eine sättigende warme Mahlzeit zubereiten. Brotscheiben lassen sich statt mit Wurst auch prima mit Gurken- oder Tomatenscheiben belegen. Etwas Salz darüberstreuen und fertig ist die Stulle!

DER WASSERKOCHER – DEIN STROMSPARFREUND

Auf dem Herd dauert es meistens sehr lang, bis das Wasser kocht und man es zum Beispiel für die Zubereitung von Reis, Kartoffeln oder Nudeln verwenden kann. Deshalb habe ich mir angewöhnt, das Wasser zunächst im Wasserkocher zu kochen und es erst dann in den Topf zu geben. Dadurch spart man Zeit und vor allem auch Strom.

DIE UNBELIEBTEN BROTRÄNDER

Wie oft schneiden wir die unbeliebten Brotränder für unsere Kinder weg und schmeißen sie womöglich in den Müll? Irgendwann habe ich mich damit nicht mehr wohlgefühlt und die Brotränder eingefroren. Sie eignen sich in der Pfanne mit etwas Margarine oder Öl angebraten und leicht gewürzt als Beilage für Suppen.

SELBST ANPFLANZEN

Wenn du einen grünen Daumen hast, kannst du diesen nutzen. Ich habe damit begonnen, auf meinem Balkon selbst Kräuter und Gemüse zu züchten. Erstens spart das den Einkauf und zweitens tut der Anblick von ein wenig Grünzeug auf dem Balkon oder in der Küche der Seele gut. Wenn du nicht weißt, wofür du alles Geerntete verwenden sollst, kannst du es klein geschnitten eine Weile im Gefrierschrank lagern.

DIE GETRÄNKEFALLE

Viele investieren einiges an Geld in Getränke, dabei reichen Wasser oder Tee vollkommen aus und sind zudem weitaus gesünder. Außerdem kann man aus Grün- oder Schwarztee mit ein paar Früchten leckere Eistees selber machen. Und das Gute dabei ist, dass man weiß, was drin ist.

LIEFERSERVICE UND MEHR

Natürlich hat jeder einmal Lust, sich etwas beim Lieferservice zu bestellen oder ein Eis essen zu gehen. Allerdings sind die Kosten dafür recht hoch.
Doch sparen muss auch Spaß machen und es ist wichtig, sich ab und an etwas zu leisten, um Erfolgserlebnisse feiern zu können. Aber vielleicht tut es stattdessen eine Fertigpizza oder eine Eispackung aus dem Discounter? Auch ein Fertiggericht kann dazu beitragen, dass man sich auf der Couch ein wenig entspannen kann, weil der Ofen den Rest erledigt. Und eine Packung Eis ist im Verhältnis zu einer Kugel aus der Eisdiele deutlich günstiger und beschert einem ebensolche Glücksmomente.

BROKE GERICHTE

CURRY-BUTTERGEMÜSE-PFANNE

Dieses Gericht gehört zu meinen liebsten, denn es ist schnell und einfach zuzubereiten und noch dazu megalecker. Auch meine Kinder mögen es sehr und wir essen es mindestens einmal im Monat.

FÜR 2–3 PORTIONEN:
300 g Reis
1 Packung Buttergemüse (TK, 300 g)
1 EL Butter oder Margarine
Salz
Currypulver

1. Zunächst den Reis waschen, dadurch wird die Stärke herausgespült. Das gibt dem Reis einen besseren Geschmack. Den Reis und das Buttergemüse, um Energie zu sparen, in einen Topf geben, mit Wasser bedecken und gar kochen. Das dauert ca. 20 Minuten.

2. Danach die Butter in einer Pfanne schmelzen. Den Reis und das Buttergemüse darin für ca. 5 Minuten anbraten. Währenddessen alles mit Salz und Curry würzen. Und schon ist das Gericht fertig und kann serviert werden!

CAMEMBERTBLUME

Per Zufall bin ich auf dieses Gericht gekommen, da ich beide Zutaten gerade zu Hause hatte. Ich war selbst überrascht, wie gut das zusammenpasst! Dieses Gericht eignet sich besonders für bequeme Fernsehabende. Und obwohl es so einfach zuzubereiten ist, sieht es immer wieder spektakulär aus.

FÜR 2 PORTIONEN:
1 Rolle Blätterteig (270 g)
1 runder Camembert (125–150 g)
1 Frühlingszwiebel (optional)

1. Den Blätterteig mitsamt dem Backpapier auf einem Backblech auslegen. Aus dem Blätterteig einen Kreis herausschneiden und den Camembert in die Mitte legen. Außerhalb des Käses strahlenförmig Streifen in den Blätterteig schneiden. An der breitesten Stelle sind sie ca. 5 cm breit. Nach und nach die Streifen zum Camembert hin aufrollen. Am Ende den Blätterteig mit etwas Wasser bestreichen, so wird er goldbraun und knusprig. Die Camembertblume bei 180 °C Umluft für 7–10 Minuten im Ofen backen, bis der Teig goldbraun ist.

2. Wer mag, kann die Camembertblume nun noch mit Frühlingszwiebel garnieren. Dafür die Frühlingszwiebel waschen, die Wurzel abschneiden und die weiße Zwiebel und das Zwiebelgrün in feine Röllchen schneiden.

Aus den Resten des Blätterteigs könnt ihr einen leckeren Nachtisch zaubern. Dafür bestreicht ihr die Teigreste mit Schokoladencreme oder Marmelade, formt sie zu Röllchen und backt sie bei 180 °C Umluft für ca. 5 Minuten im Ofen. Oder ihr nutzt den Teig, um eure Kühlschrankreste, wie z. B. Tomaten, Käse oder Wurst, zu verwerten. Hierfür alles klein schneiden, den Teig damit belegen, diesen zu einer Rolle formen und bei 180 °C Umluft im Ofen für ca. 7 Minuten ausbacken.

BOHNEN-KARTOFFEL-PFANNE

Als ich klein war, war diese Pfanne eines meiner Lieblingsgerichte – Bohnen und Kartoffeln sind eine tolle Kombination. Kartoffeln im Glas sind übrigens eine preiswerte Alternative zu frischen Kartoffeln. Das ausgespülte Glas lässt sich prima zum Aufbewahren von Mehl- und Zuckervorräten nutzen.

FÜR 2 PORTIONEN:
500 g Kartoffeln
Salz
1 große Zwiebel
1 EL Margarine
450 g grüne Bohnen (TK)
Kräutersalz
Pfeffer
gemahlene Muskatnuss

1. Die Kartoffeln schälen. In Salzwasser ca. 20 Minuten bissfest garen.

2. Währenddessen die Zwiebel schälen und klein schneiden. Mit der Margarine für 5 Minuten bei mittlerer Hitze in der Pfanne anschwitzen. Danach die Bohnen zufügen und alles für weitere 5 Minuten in der Pfanne brutzeln lassen.

3. Die vorgekochten Kartoffeln abgießen, kurz abkühlen lassen und in Scheiben schneiden. Für 5–10 Minuten in die Pfanne zu den Zwiebeln und Bohnen geben und braten, bis die Kartoffeln goldbraun sind. Mit Kräutersalz, Pfeffer und Muskatnuss würzen.

MEIN TIPP

Falls du gerade keine grünen Bohnen im Tiefkühlschrank vorrätig hast, kannst du natürlich auch welche aus der Dose oder dem Glas verwenden.

EASY CHEESY BAGUETTE

Not macht erfinderisch und ich wollte einfach ausprobieren, wie Tomatenmark allein als Aufstrich schmeckt. Zu meinem Glück stellte ich fest: in Kombination mit Mozzarella und verschiedenen Gewürzen erstaunlich lecker.

FÜR 1 BAGUETTE:
2–3 EL Tomatenmark
Salz
Pfeffer
Knoblauchpulver
1 Baguette
1 EL Margarine
1 Packung Mozzarella (125 g)
2 Stängel Basilikum
Pfeffer (optional)

1. Tomatenmark und 1–2 EL Wasser zusammen mit Salz, Pfeffer und Knoblauchpulver gründlich vermengen. Das Baguette der Länge nach aufschneiden und beide Innenseiten dünn mit Margarine bestreichen. Mit der bestrichenen Seite nach oben auf ein mit Backpapier ausgelegtes Backblech legen und für ca. 5 Minuten bei 150 °C Umluft backen.

2. Währenddessen den Mozzarella klein schneiden, bei Bedarf noch etwas würzen. Das vorgebackene Baguette mit dem gewürzten Tomatenmark bestreichen und den Mozzarella gleichmäßig darauf verteilen. Für weitere 5–10 Minuten im Ofen überbacken, bis der Mozzarella leicht gebräunt ist.

3. Das Basilikum abbrausen, trocken schütteln, Blättchen abzupfen und das fertige Baguette damit garnieren. Bei Bedarf noch etwas Pfeffer darüberstreuen.

GRÜNES OMELETT MIT BRATKARTOFFELN

Ich habe schon immer das Bauernfrühstück meiner Oma geliebt und irgendwann kam ich auf die Idee, dieses Gericht einfach mit Spinat zu kombinieren.

FÜR 1 PORTION:
300 g Kartoffeln
Salz
1 Packung Rahmspinat (TK, 450 g)
Kräutersalz
2 Zwiebeln
2 EL Margarine, Butter oder Öl
2 Eier

1. Die Kartoffeln schälen und in Salzwasser garen.

2. Den Spinat nach Packungsanleitung zubereiten. Um Energie zu sparen, kann der Spinat alternativ bereits 1–2 Stunden aufgetaut werden, bevor er zubereitet wird. So wird er schneller gar. Mit Kräutersalz würzen. Beiseitestellen. Die Zwiebeln schälen und klein schneiden.

3. Die gekochten Kartoffeln in feine Scheiben schneiden und mit der Hälfte der Zwiebeln in einer Pfanne in 1 EL Margarine goldbraun braten. Mit Kräutersalz würzen. Beiseitestellen.

4. Die Eier mit etwas Kräutersalz verquirlen. Die restlichen Zwiebeln unterrühren. 1 EL Margarine in der Pfanne bei mittlerer Hitze zerlassen. Die Ei-Masse zugeben und für 1–2 Minuten stocken lassen. Das Omelett in der Pfanne wenden und auch von der anderen Seite anbraten.

5. Nun den Spinat auf einer Hälfte des Omeletts verteilen und die Bratkartoffeln daraufgeben. Zum Schluss eine Hälfte des Omeletts mit einem Pfannenwender zur Mitte hin einschlagen und servieren.

CREMIGE KARTOFFEL-KAROTTEN-PFANNE

Leider mag ich keine rohen Karotten, in gekochtem oder gebratenem Zustand esse ich sie hingegen unwahrscheinlich gerne, z. B. in Kombination mit Kartoffeln. Falls noch gekochte Kartoffeln vom Vortag übrig geblieben sind, können sie prima für dieses Gericht verwendet werden.

FÜR 2 PORTIONEN:
500 g Kartoffeln
3–4 Karotten
Salz
2 Zwiebeln
2 EL Margarine oder Butter
100 ml Sahne
Pfeffer
gemahlene Muskatnuss
Paprikapulver

1. Die Kartoffeln und Karotten schälen und klein schneiden. Beides für ca. 10 Minuten in einem Topf mit Salzwasser kochen, bis das Gemüse fast gar ist, und abgießen.

2. Die Zwiebeln schälen und klein schneiden. Mit der Margarine in einer Pfanne goldbraun anschwitzen. Anschließend die Kartoffeln und Karotten zufügen und unter mehrmaligem Wenden für weitere 5 Minuten braten.

3. Währenddessen die Sahne mit Salz, Pfeffer, Muskatnuss und Paprikapulver würzen. Die Sahnemischung in die Pfanne zu dem Gemüse geben und ca. 5 Minuten einköcheln lassen – schon kann das Gericht serviert werden.

Frische Petersilie passt super zu diesem Pfannengericht!

KARTOFFELN MIT ZWIEBELSOSSE

Mit meiner Oma habe ich früher viel über die Ernährung in „ihrer“ Zeit gesprochen. Das Mittagessen bestand damals häufig aus Reis, Nudeln oder Kartoffeln, als Beilage gab es Gemüse und Fleisch. Eines Tages zeigte mir meine Oma das Rezept für ihre Zwiebelsoße. Und diese ist so gut, dass man sie auch nur mit Kartoffeln genießen kann.

FÜR 2 PORTIONEN:
500 g Kartoffeln
Salz
2–3 Zwiebeln
125 g Bratfett, Margarine oder Butter
1 EL Sojasoße
2 EL Tomatenmark
2–3 EL Mehl
1–2 EL Instant-Gemüsebrühe
Pfeffer
Knoblauchpulver

1. Die Kartoffeln schälen und in Salzwasser garen.

2. Die Zwiebeln schälen und klein schneiden. Bei mittlerer Hitze in reichlich Bratfett anschwitzen, dann Sojasoße und Tomatenmark zufügen. Alles etwas einköcheln lassen und nach und nach das Mehl unterrühren (Mehlschwitze).

3. Die Gemüsebrühe mit 800 ml kochendem Wasser übergießen und umrühren. Sobald die Zwiebeln schön goldbraun sind, die Gemüsebrühe angießen. Die Soße mit Pfeffer und Knoblauchpulver würzen und weitere 5–10 Minuten köcheln lassen.

4. Sobald die Kartoffeln gar sind, können diese mit der Soße serviert werden.

KARTOFFELSUPPE MIT EI

Kartoffeln und Karotten haben wir meistens zu Hause. Und wenn man einfach viel zu faul zum Einkaufen ist oder einen Tag aussetzen möchte, um zusätzlich Geld zu sparen, ist dieses Gericht sehr praktisch.

FÜR 4 PORTIONEN:
1 kg Kartoffeln
1 Zwiebel
3–5 Karotten
1–2 EL Margarine, Butter oder Öl
2–3 EL Instant-Gemüsebrühe
Salz
Pfeffer
Knoblauchpulver
1 Ei

1. Die Kartoffeln, die Zwiebel und die Karotten schälen und jeweils klein schneiden. Die Zwiebel kurz in der Margarine in einem Topf bei mittlerer Hitze anschwitzen. Die Kartoffeln zugeben und ca. 2 Minuten auf mittlerer Stufe braten, danach die Karotten zufügen. Alles für weitere 3–5 Minuten braten.

2. Die Gemüsebrühe mit 500 ml kochendem Wasser übergießen, umrühren und in den Topf geben. Alles bei mittlerer Hitze für 20–30 Minuten köcheln lassen. Sobald die Karotten und Kartoffeln gar sind, einen Teil aus dem Topf (3–5 EL) nehmen und den Rest mit einem Stabmixer pürieren. Die Suppe nun mit Salz, Pfeffer und Knoblauchpulver würzen. Die Kartoffel- und Karottenstücke in die pürierte Suppe geben und das Ei in den Topf schlagen. Sobald das Ei gestockt hat, kann die Suppe serviert werden.

SPITZKOHLPFANNE

Von meiner Oma weiß ich, dass Spitzkohl auch solo gegessen werden kann. Ich war am Anfang sehr skeptisch, aber dann überrascht, wie gut dieses Gericht schmeckt und dass es sogar satt macht.

FÜR 2 PORTIONEN:
1–2 Zwiebeln
1 Spitzkohl
2–3 EL Margarine oder Butter
Salz
Pfeffer
1 TL Instant-Gemüsebrühe
2 Stängel Petersilie (optional)

1. Die Zwiebeln schälen und klein schneiden. Den Spitzkohl gründlich waschen und den Strunk abschneiden. Den Spitzkohl in feine Streifen schneiden.

2. Die Zwiebeln mit der Margarine bei mittlerer Hitze in der Pfanne anschwitzen, bis diese goldbraun sind. Mit Salz und Pfeffer würzen. Nun den Spitzkohl zufügen und alles weitere 3 Minuten braten. Die Gemüsebrühe mit 200 ml kochendem Wasser übergießen, umrühren und zu dem Spitzkohl und den Zwiebeln in die Pfanne geben. Für 2 weitere Minuten köcheln lassen.

3. Die Petersilie abbrausen, trocken schütteln und fein hacken. Den Spitzkohl auf Teller verteilen und mit der Petersilie bestreuen. Und fertig ist dieses einfache, aber köstliche Gericht!

KARTOFFELSUPPE MIT KIDNEYBOHNEN

Dieses Gericht ist wieder einmal durch Zufall entstanden: Ich hatte noch Kidneybohnen zu Hause und machte mir Gedanken darüber, was man statt Chili con Carne daraus zubereiten kann. Unsere Kartoffeln mussten unbedingt aufgebraucht werden und so kochte ich aus beiden Zutaten ein wirklich leckeres Mittagessen.

FÜR 2 PORTIONEN:
1 Zwiebel
400 g Kartoffeln
2 EL Margarine oder Butter
Salz
Paprikapulver
Currypulver
Pfeffer
2 EL Tomatenmark
2 EL Instant-Gemüsebrühe
1 Dose Kidneybohnen (400 g)
½ Bund Koriander (optional)

1. Die Zwiebel und die Kartoffeln schälen und klein schneiden. Beides in einem Topf mit der Margarine goldbraun braten. Danach die Gewürze und das Tomatenmark zufügen und alles gut vermengen. Die Brühe mit 300 ml kochendem Wasser übergießen, umrühren und in den Topf geben. Bei mittlerer Hitze alles für 10 Minuten köcheln lassen. Die Kidneybohnen abgießen und in den Topf geben. Für weitere 5 Minuten köcheln lassen. Das Gemüse anschließend mit einem Stabmixer grob pürieren, sodass die Konsistenz der Suppe etwas stückig bleibt.

2. Für einen noch intensiveren Geschmack und natürlich auch fürs Auge kann die Suppe mit Koriander serviert werden. Den Koriander dafür abbrausen, trocken schütteln, die Blättchen abzupfen und auf die Suppe geben.

4 FOR 4

SÜSS-SAURE EIER

Ich liebe süß-saure Eier und dank meiner Oma habe ich ein tolles und einfaches Rezept dafür. Da dies kein teures Gericht ist, gehört es definitiv zu den „4 for 4"-Gerichten. Auch meine Kinder sind ein großer Fan davon – einfach ein super Gericht für die ganze Familie.

FÜR 4 PORTIONEN:
1 kg Kartoffeln
Salz
8 Eier
1–2 Zwiebeln
50–100 g Butter
3 EL Mehl
1–2 TL Senf
100 ml Milch
1–2 TL Zucker
1 TL Essig

1. Die Kartoffeln schälen und in kleine Stücke schneiden. In Salzwasser ca. 15 Minuten kochen, bis sie gar sind.

2. Die Eier ca. 7 Minuten in Wasser kochen. Anschließend abschrecken und pellen.

3. Die Zwiebeln schälen und klein schneiden. Die Butter in einer Pfanne schmelzen lassen und die Zwiebeln darin goldbraun anschwitzen. Das Mehl zufügen und unter ständigem Rühren eine goldbraune Mehlschwitze herstellen. Nun den Senf zufügen. Mit der Milch und 400 ml Wasser aufgießen. Sobald die Soße anfängt zu kochen, den Zucker zufügen. Am Ende den Essig unterrühren.

4. Die fertigen Kartoffeln mit den Eiern und der süß-sauren Soße auf tiefen Tellern anrichten.

Frischer Schnittlauch passt prima zu diesem Gericht.

REIS-PAPRIKA-PFANNE IN TOMATENSOSSE

Zum Glück lieben wir alle Reis, denn Reis ist unglaublich vielseitig und passt zu fast allem. Mit diesem Pfannengericht hat man eine gesunde Mahlzeit auf dem Tisch und wird dazu satt.

FÜR 4 PORTIONEN:
1 gr. Zwiebel
1 rote Paprika
3 Tomaten
2 EL Margarine oder Butter
3 EL Tomatenmark
1 TL Salz
1 Prise Pfeffer
1 TL Paprikapulver
1/2 TL Chilipulver
2 TL Currypulver
400 g Reis

1. Die Zwiebel schälen und klein schneiden. Die Paprika waschen, von Samen und Scheidewänden befreien und klein schneiden. Die Tomaten ebenfalls waschen und klein schneiden.

2. Die Zwiebel in einem Topf mit der Margarine anbraten, bis sie glasig ist. Dann die Paprika und die Tomaten zufügen. Das Gemüse mit dem Tomatenmark anbraten. Die Gewürze zugeben und alles gründlich vermengen. Ca. 750 ml Wasser zufügen. Sobald es anfängt zu köcheln, den Reis zugeben und 10–15 Minuten bei mittlerer Hitze köcheln lassen, bis er gar ist. Auf vier Teller verteilen und servieren.

Als Topping röste ich manchmal eine Handvoll Haferflocken mit etwas Öl in der Pfanne und verteile sie zum Schluss auf dem Reis. Das gibt dem Gericht einen leckeren, nussigen Geschmack.

REISWAFFELN MIT THUNFISCHCREME

Wer Sushi mag, wird das lieben. Ich suche immer wieder nach guten Alternativen fürs Abendessen, da auch meine Kinder nicht immer Lust auf die typische Brotzeit haben. Und in diese Reiswaffeln könnte ich mich reinlegen. Zudem ist die Mahlzeit sehr günstig: Reiswaffeln kosten meist nicht einmal 1 € und Thunfischdosen kann man im Angebot kaufen und eine Weile lagern.

FÜR 4–5 REISWAFFELN:

1 Zwiebel
1 Dose Thunfisch (195 g)
2–3 EL Mayonnaise
Salz
Pfeffer
4–5 Reiswaffeln

1. Die Zwiebel schälen und klein schneiden. Mit dem Thunfisch und der Mayonnaise vermengen. Nach Belieben mit Salz und Pfeffer würzen. Für mich reicht die Kombination aus den drei Zutaten aus.

2. Die Thunfischcreme auf den Reiswaffeln verteilen – und fertig ist das etwas andere Abendbrot!

Dazu passt ein einfacher Gurkensalat.

LINSEN-REIS-PFANNE

Beim Einkaufen bin ich auf die preiswerten braunen Linsen in Dosen gestoßen und hatte direkt eine Idee für ein neues Gericht. Ich kaufe z. B. Gemüse sehr gerne in Dosen, weil man diese gut als Vorrat anlegen kann – sollte das Geld einmal knapp werden, hat man diese schnell zur Hand und kann daraus etwas kochen.

FÜR 4 PORTIONEN:
1 gr. Zwiebel
2 EL Margarine oder Butter
400 g Reis
Salz
Pfeffer
Knoblauchpulver
Currypulver
2 EL Instant-Gemüsebrühe
1 gr. Dose braune Linsen (800 g)
2 Stängel Petersilie (optional)

1. Die Zwiebel schälen und klein schneiden. In einem Topf mit der Margarine scharf anbraten.

2. Den Reis waschen, zu den Zwiebeln geben und unter ständigem Wenden goldbraun anbraten. Mit Salz, Pfeffer, Knoblauch- und Currypulver würzen.

3. Die Gemüsebrühe mit 400 ml kochendem Wasser übergießen und umrühren. So viel Brühe in den Topf geben, bis der Reis vollkommen bedeckt ist. Bei mittlerer Hitze 15 Minuten köcheln lassen. Die Linsen abgießen, in den Topf geben und mit dem Reis vermengen. Alles weitere 5 Minuten köcheln lassen.

4. Die Petersilie abbrausen, trocken schütteln und fein hacken. Die Linsen-Reis-Pfanne auf die Teller verteilen und mit der Petersilie toppen.

TOMATEN-KARTOFFEL-SUPPE

Ich liebe Tomatensuppe, nur hatte ich bisher immer das Problem, dass sie mich nicht sättigt, wenn man sie im herkömmlichen Sinne zubereitet. Daher bevorzuge ich die Zubereitung mit Kartoffeln. Um die Kochzeit zu verkürzen, kann man auch gekochte Kartoffeln vom Vortag oder Kartoffeln aus dem Glas verwenden.

FÜR 4 PORTIONEN:
2 Zwiebeln
500 g Kartoffeln
2–3 Stängel Petersilie
3 EL Margarine oder Butter
1 EL Tomatenmark
2–3 EL Universalgewürz
2 Dosen gehackte Tomaten (je 400 g)

1. Die Zwiebeln und Kartoffeln schälen und klein schneiden. Die Petersilie abbrausen, trocken schütteln und fein hacken.

2. Zunächst die Zwiebeln mit der Margarine in einem Topf anschwitzen, bis sie goldbraun sind. Die Kartoffeln und das Tomatenmark zufügen und ca. 5 Minuten bei mittlerer Hitze anbraten. Das Gewürz, die gehackten Tomaten und 300 ml Wasser zugeben und alles gut umrühren. Für 10–15 Minuten köcheln lassen, bis die Kartoffeln gar sind. Wenn ihr vorgekochte Kartoffeln vom Vortag oder aus dem Glas verwendet, verringert sich die Kochzeit entsprechend.

3. Sobald die Kartoffeln gar sind, alles zu einer cremigen Suppe pürieren. Auf vier Suppenteller verteilen und mit Petersilie garnieren.

Zum Dippen verwende ich gerne die unbeliebten Brotränder und brate sie zuvor in der Pfanne mit etwas Margarine goldbraun an.

THUNFISCHSNACK MIT GURKEN

Mir fiel es bisher immer schwer, am Abend Alternativen zu den typischen belegten Broten anzubieten, weil ich damit aufgewachsen bin. Inzwischen genießen wir die Abwechslung beim Abendessen. Dieser Snack eignet sich besonders gut für sommerliche Abende, an denen der Appetit oft nicht so groß ist.

FÜR 4 PORTIONEN:

2–3 Gurken
2 rote Zwiebeln
1 Dose Kichererbsen (400 g)
1 Dose Thunfisch (195 g)
1–2 EL Mayonnaise
2 EL Sojasoße
Salz
Pfeffer

1. Die Gurken schälen und mit dem Sparschäler in ca. 1 cm dicke Scheiben schneiden. Beiseitestellen.

2. Die Zwiebeln schälen und klein schneiden. Die Kichererbsen abgießen und mit einer Gabel zu Brei zerdrücken. Mit den Zwiebeln, dem Thunfisch, der Mayonnaise und der Sojasoße zu einem Salat vermengen. Nach Belieben mit Salz und Pfeffer würzen. Den Salat für mindestens 30 Minuten abgedeckt im Kühlschrank ziehen lassen.

3. Den Salat oben auf je einer Gurkenscheibe verteilen und auf einem Holzbrett servieren.

Der Thunfischsnack schmeckt auch prima mit Reiswaffeln.

CURRYREIS MIT KICHERERBSEN

Bis zu meinem 23. Lebensjahr kannte ich nur eine Variante, wie Reis zubereitet werden kann – als Tütenreis. Und meistens gab es dazu Hühnerfrikassee. Glücklicherweise habe ich während meiner Ausbildung eine Weile in England bei einer lieben pakistanischen Familie gelebt. Sie zeigte mir, was man mit Reis alles zubereiten kann. Heute liebe ich die orientalische Küche und mindestens einmal in der Woche gibt es ein Currygericht.

FÜR 4 PORTIONEN:

400 g Reis
Currypulver
1–2 Zwiebeln
1 Dose Kichererbsen (400 g)
2 EL Margarine oder Butter
2 EL Tomatenmark
1 Dose gehackte Tomaten (400 g)
Salz
Paprikapulver
150 g Frischkäse

1. Den Reis waschen und zusammen mit etwas Currypulver und der doppelten Menge Wasser in einen Topf geben. Das Wasser aufkochen lassen und die Hitze reduzieren. Den Reis bei geschlossenem Deckel für ca. 15 Minuten köcheln lassen, bis das Wasser vollständig aufgesogen ist.

2. Währenddessen die Zwiebeln schälen und klein schneiden. Die Kichererbsen abtropfen lassen. Die Zwiebeln und die Kichererbsen in einer Pfanne bei mittlerer Hitze in der Margarine andünsten. Nach ca. 5 Minuten Tomatenmark sowie Tomaten zufügen und alles miteinander verrühren. Mit Salz, Curry- und Paprikapulver würzen. Sobald alles köchelt, den Frischkäse unterrühren.

3. Am Ende den Reis unterheben und weitere 5 Minuten köcheln lassen.

Mit frischem Koriander schmeckt der Curryreis noch besser.

KAROTTENCURRY MIT REIS

Orientalische Gerichte sind oft teuer, weil sie Fleisch enthalten. Deshalb habe ich mir folgende vegetarische Curry-Variante ausgedacht.

FÜR 4 PORTIONEN:
8–10 Karotten
350 g Reis
1 EL Kurkuma
2–3 Zwiebeln
2–3 kl. Tomaten
1 Frühlingszwiebel
3–4 EL Margarine oder Butter
1 TL Salz
2 EL Currypulver
1 EL Paprikapulver
3 EL Tomatenmark
1 TL Zucker
1 Packung passierte Tomaten (500 g)
3 EL Joghurt

1. Die Karotten schälen und in Scheiben schneiden. In einen Topf mit kochendem Wasser geben und für 10–15 Minuten garen.

2. Den Reis waschen und mit der doppelten Menge Wasser in einen Topf geben. Das Wasser aufkochen lassen und die Hitze reduzieren. Kurkuma zufügen und den Reis bei geschlossenem Deckel für ca. 15 Minuten köcheln lassen, bis das Wasser vollständig aufgesogen ist.

3. Währenddessen die Zwiebeln schälen und klein schneiden. Die Tomaten waschen und klein schneiden. Die Frühlingszwiebel putzen und mitsamt dem Zwiebelgrün in feine Ringe schneiden.

4. Die Zwiebeln mit der Margarine in einer Pfanne goldbraun anbraten. Die gekochten Karotten zufügen und mit Salz, Curry- und Paprikapulver würzen. Sobald auch die Karotten goldbraun sind, das Tomatenmark und den Zucker zufügen. Die passierten Tomaten und ca. 150 ml Wasser zugeben. Kurz einköcheln lassen. Zum Schluss den Joghurt unterrühren und das Curry für weitere 3–5 Minuten bei mittlerer Hitze köcheln lassen.

5. Mit den Frühlingszwiebelringen garniert servieren.

SCHNELLE SUPPE MIT GEBRATENEM TOAST

Diese Suppe ist genau das Richtige für kalte Wintertage und eignet sich prima als günstige Vorspeise. Wenn man Kindern die Suppe noch schmackhafter machen möchte, kann man hübsche Plätzchenformen zum Ausstechen der Toastbrotscheiben verwenden.

FÜR 4 PORTIONEN:
4–6 Karotten
1–2 Stängel Petersilie
2–3 EL Instant-Gemüsebrühe
4 Scheiben Toastbrot
1 EL Margarine

1. Die Karotten schälen und klein schneiden. Je kleiner die Stückchen sind, desto schneller werden sie beim Kochen gar, das spart Zeit und vor allem Strom.

2. Die Petersilie abbrausen, trocken schütteln und fein hacken.

3. Die Karotten in 10–15 Minuten in 1 l Wasser bei mittlerer Hitze gar kochen. Dann die Instant-Gemüsebrühe zugeben und unterrühren. Die Suppe für weitere 5 Minuten köcheln lassen und anschließend pürieren.

4. Währenddessen die Toastbrote mit den Plätzchenformen ausstechen und mit der Margarine in einer Pfanne von beiden Seiten goldbraun rösten.

5. Die Suppe auf vier Teller verteilen, mit dem Toastbrot toppen und mit der Petersilie garnieren.

Statt der Instant-Gemüsebrühe kannst du natürlich auch selbst gemachte Brühe aus Gemüseresten verwenden. Wie du diese zubereitest, erfährst du auf Seite 123.

SUSHI-„SALAGNE"

Dieses Gericht passt perfekt, wenn man noch Reisreste vom Vortag zu Hause hat. Meine Tochter konnte nie das Wort „Lasagne" aussprechen, sie sagte dazu immer „Salagne". Und weil ich das so unglaublich niedlich fand, verwenden wir dieses Wort in unserer Familie noch immer.

FÜR 4 PORTIONEN:
350 g Milchreis
3 Karotten
3–4 TL Sahnemeerrettich
2 Dosen Thunfisch (jeweils 195 g)
3 EL Mayonnaise
Salz
Pfeffer
1 Gurke
Sojasoße

1. Den Reis waschen und mit der doppelten Menge Wasser in einen Topf geben. Das Wasser aufkochen lassen und die Hitze reduzieren. Den Reis bei geschlossenem Deckel für ca. 15 Minuten köcheln lassen, bis das Wasser vollständig aufgesogen ist. Den Reis für 1 Stunde abkühlen lassen.

2. Währenddessen die Karotten schälen und fein raspeln. Mit dem Meerrettich, dem Thunfisch und der Mayonnaise zum Reis geben und alles gut vermengen. Je nach Belieben mit Salz und Pfeffer würzen.

3. Die Gurke schälen und mit dem Gemüseschäler längs in feine Streifen schneiden. Dann beginnt das Schichten der Lasagne. Zuerst etwa ein Drittel der Reismenge in einer Auflaufform verteilen, dann die Gurkenstreifen darüberlegen. Darauf folgt eine zweite Schicht Reis und eine zweite Schicht Gurkenstreifen. Eine dritte Schicht Reis bildet den Abschluss.

4. Die Lasagne mit einem spitzen Messer in kleine Rechtecke schneiden und mit Sojasoße servieren.

Milchreis ist eine prima Alternative zu Sushireis, da er diesem in Geschmack und Konsistenz sehr ähnelt.

REIS MIT TOMATEN UND KOKOS

Dieses Reisgericht eignet sich prima für die Resteverwertung. Übrig gebliebene Paprika könnt ihr z. B. ebenfalls wunderbar unter die Soße mischen.

FÜR 4 PORTIONEN:
350 g Reis
2 Zwiebeln
2–3 EL Haferflocken
2 EL Margarine
2 Dosen gehackte Tomaten (je 400 g)
1 TL Paprikapulver
1 EL Kräutersalz
1/2 TL Chilipulver
4 EL Kokosmilch
1 EL Kokosraspel (optional)

1. Den Reis waschen und mit der doppelten Menge Wasser in einen Topf geben. Das Wasser aufkochen lassen und die Hitze reduzieren. Den Reis bei geschlossenem Deckel für ca. 15 Minuten köcheln lassen, bis das Wasser vollständig aufgesogen ist.

2. Währenddessen die Zwiebeln schälen und klein schneiden. Zusammen mit den Haferflocken und der Margarine in einem Topf bei mittlerer Hitze für ca. 5 Minuten anbraten. Die gehackten Tomaten und die Gewürze zufügen. Die Hitze reduzieren und für 5–10 Minuten köcheln lassen. Dann die Kokosmilch zugeben und alles mit einem Stabmixer zu einer Soße glatt pürieren.

3. Den fertig gegarten Reis unter die Soße rühren.

4. Wer mag, kann zum Servieren ein paar Kokosraspel auf dem Reisgericht verteilen.

Wilton
38.7 x 26 x 1.91 cm

SPINAT IM BLÄTTERTEIG

Das ist wohl eines der einfachsten und schnellsten Gerichte, das man zubereiten kann. Wir essen es unglaublich gern zum Abendbrot, so kommt ein wenig Abwechslung auf den Tisch und es gibt nicht immer nur belegte Brote.

FÜR 1 GROSSE, FLACHE BACKFORM (MAX. 24 X 40 CM):
1 Packung Rahmspinat (TK, 450 g)
1–2 TL Kräutersalz
1 Tomate
1 Packung Mozzarella (125 g)
2 Rollen Blätterteig (je 270 g)

1. Den Spinat auftauen und mit Kräutersalz mischen. Die Tomate waschen und klein schneiden. Den Mozzarella ebenfalls klein schneiden.

2. Einen Blätterteig aus der Verpackung nehmen und in der Backform entrollen. Den Spinat gleichmäßig auf dem Blätterteig verteilen. Dabei auf allen Seiten einen etwa 1 cm breiten Rand lassen. Mit der Tomate und dem Mozzarella belegen. Anschließend den zweiten Blätterteig in 2–3 cm breite Streifen schneiden und die Füllung damit bedecken. Den äußeren Teigrand mit den Fingern fest andrücken. Den obenauf liegenden Blätterteig mit ein wenig Wasser bepinseln, damit er schön knusprig wird.

3. Den Blätterteig im Backofen bei 200 °C Umluft für 10–15 Minuten backen. Aus dem Ofen nehmen, portionieren und genießen!

Für die Füllung des Blätterteigs könnt ihr neben Spinat, Tomate und Mozzarella auch übrig gebliebenen Mais, klein geschnittene Paprika oder Champignons verwenden.

REISPFANNE MIT BROKKOLI UND KICHERERBSEN

Bis vor Kurzem standen Kichererbsen nicht auf meinem Speiseplan. Nachdem ein Follower sie mir empfohlen hatte, probierte ich einige Gerichte damit aus. Inzwischen liebe ich Kichererbsen! Mit Reis und Brokkoli wird daraus diese leckere, sättigende und gesunde Reispfanne.

FÜR 4 PORTIONEN:
1 Kopf Brokkoli
1 Zwiebel
3 EL Margarine
300 g Reis
1 Dose Kichererbsen (400 g)
Kräutersalz
2 EL Instant-Gemüsebrühe

1. Den Brokkoli vom Strunk befreien, in kleine Röschen zerteilen und gründlich waschen. Die Zwiebel schälen und klein schneiden.

2. Die Zwiebel mit der Margarine in einem Topf bei mittlerer Hitze anschwitzen. Den Brokkoli zufügen. Den Reis waschen und nach 2–3 Minuten ebenfalls zufügen. Die Kichererbsen abgießen und ebenfalls zugeben. Alles kurz anbraten und mit etwas Kräutersalz würzen.

3. Die Gemüsebrühe mit 500 ml kochendem Wasser übergießen, umrühren und in den Topf geben. Alles 15–20 Minuten köcheln lassen, bis das Gemüse und der Reis gar sind.

NUDELN IN BROKKOLISOSSE

Dieses Gericht gehört zu den ersten meiner „4 for 4"-Rezepte, bei denen ich mir überlegt habe, welche schnellen und einfachen Gerichte ich für vier Personen für unter 4 Euro zubereiten könnte. Ich esse es super gerne, was wahrscheinlich daran liegt, dass ich ein sehr großer Brokkoli-Fan bin.

FÜR 4 PORTIONEN:
1 Kopf Brokkoli
2 EL Instant-Gemüsebrühe
500 g Nudeln
Salz
4 EL Frischkäse
Pfeffer

1. Den Brokkoli vom Strunk befreien, in kleine Röschen zerteilen und gründlich waschen.

2. 750 ml Wasser zum Kochen bringen, Instantbrühe zugeben und unterrühren. Die Brokkoliröschen zufügen und ca. 10–15 Minuten köcheln lassen.

3. Währenddessen die Nudeln nach Packungsanleitung in Salzwasser gar kochen.

4. Sobald der Brokkoli weich genug fürs Pürieren ist, abgießen. Dabei ca. 100 ml Brühe zurückbehalten. Ca. 100 ml Nudelwasser und den Frischkäse zufügen. Mit einem Stabmixer zu einer sämigen Soße pürieren.

5. Die Nudeln abgießen, mit der Brokkolisoße vermengen, mit Pfeffer bestreuen und servieren.

Auch dieses Gericht kannst du mit etwas Schnittkäse verfeinern, indem du 1–2 Scheiben in kleine Stücke schneidest und unter die Nudeln mengst.

REIS IN TOMATEN-PAPRIKA-SOSSE

Dieses Gericht mögen auch Kinder (und Erwachsene), die Tomaten nicht so gerne essen. Dadurch, dass diese püriert und mit Joghurt verfeinert werden, bemerkt man sie kaum.

FÜR 4 PORTIONEN:

400 g Reis
1 gr. Zwiebel
2 Paprika
2 gr. Tomaten
Salz
Pfeffer
Knoblauchpulver
Currypulver
Paprikapulver
4 EL Oliven- oder Sonnenblumenöl
200 ml Joghurt

1. Den Reis waschen und mit der doppelten Menge Wasser in einen Topf geben. Das Wasser aufkochen lassen und die Hitze reduzieren. Den Reis bei geschlossenem Deckel für ca. 15 Minuten köcheln lassen, bis das Wasser vollständig aufgesogen ist.

2. Währenddessen die Zwiebel schälen und klein schneiden. Die Paprika waschen, von Samen und Scheidewänden befreien und klein schneiden. Die Tomaten waschen und ebenfalls klein schneiden. Das Gemüse in eine Auflaufform geben und mit den Gewürzen und 2 EL Olivenöl mischen. Das Gemüse für ca. 20 Minuten bei 180 °C im Backofen garen.

3. Das Gemüse in einen Topf geben, den Joghurt zufügen und mit einem Stabmixer zu einer Soße pürieren.

4. Den gegarten Reis mit 2 El Olivenöl in einer Pfanne goldbraun anbraten. Die Soße zugeben und alles weitere 5 Minuten braten. Fertig!

Wer mag, kann das Reisgericht mit etwas Schnittlauch garnieren.

FÜR NUDEL-JUNKIES

NUDELN IN SPINATSOSSE

Dieses preiswerte und einfache Gericht kennt doch fast jeder. Und das Faszinierende dabei ist, dass man es in den unterschiedlichsten Varianten kochen kann! Ich habe irgendwann die für mich schnellste Methode herausgefunden, wie ich dieses Gericht zubereiten kann.

FÜR 2 PORTIONEN:
250 g Nudeln
Salz
1 Packung Rahmspinat (TK, 450 g)
1–2 Scheiben Schnittkäse, z. B. Gouda
Knoblauchpulver

1. Die Nudeln nach Packungsanleitung in Salzwasser bissfest garen.

2. Währenddessen den Spinat in einer Pfanne auftauen. Ihr könnt auch ein wenig Nudelwasser zum Spinat zufügen, dann wird die Soße cremiger. Den Käse klein schneiden. Ihr könnt natürlich auch geriebenen Käse verwenden, aber der ist meist teurer.

3. Sobald die Nudeln bissfest sind, abgießen und in die Pfanne zum Spinat geben. Den Käse zufügen, mit Salz und Knoblauchpulver würzen und alles gut umrühren. Für 5 weitere Minuten garen. Wenn der Käse komplett geschmolzen ist, ist das Gericht auch schon servierfertig.

SCHNELLE NUDELN IN KNOBLAUCHSOSSE

Manchmal gehe ich einfach in den Supermarkt und ohne Plan einkaufen. Ich lasse mich von den Angeboten inspirieren – und so ist dieses superschnelle Gericht entstanden. Es ist ein gutes Rezept für Tage, an denen man vielleicht gerade einmal 2–3 Euro zur Verfügung hat oder an denen man noch Nudelreste vom Vortag verwerten möchte.

FÜR 2 PORTIONEN:
250 g Nudeln
Salz
1–2 EL Knoblauchbutter
1 Spritzer Zitronensaft (optional)
Parmesan (optional)

1. Die Nudeln nach Packungsanleitung in Salzwasser gar kochen.

2. Die Knoblauchbutter in der Pfanne bei mittlerer Hitze schmelzen lassen. Die gekochten Nudeln und 2–3 EL Nudelwasser (damit wird das Gericht etwas cremiger) zufügen. Bei Bedarf noch etwas salzen. Wer hat, kann einen Spritzer Zitrone zugeben. Alles gut umrühren.

3. Zum Schluss mit etwas geriebenem Parmesan bestreuen und servieren.

INSTANTNUDELN IN KOKOSSOSSE

Unter meinen TikTok- und Instagram-Beiträgen zu Instantnudeln kamen häufig Kommentare, in denen kritisiert wurde, dass diese Gerichte nicht sonderlich gesund seien. Natürlich sollte man nicht jeden Tag Instantnudeln zu sich nehmen, da eine einseitige Ernährung auf Dauer generell nicht gesund ist. Außerdem versuche ich z. B. mit frischem Gemüse, etwas Abwechslung in die Instantnudelgerichte zu bringen.

FÜR 1 PORTION:
1 Zwiebel
1–2 Karotten
1 Packung Instantnudeln (60 g, Geschmacksrichtung nach Belieben)
1–2 EL Margarine oder Butter
50 ml Kokosmilch
1 Ei

1. Die Zwiebel schälen und klein schneiden. Die Karotten schälen und in ganz feine Stifte schneiden oder mit der Reibe raspeln, so werden sie schneller gar.

2. Die Instantnudeln mit kochendem Wasser übergießen. Während diese ziehen, die Zwiebel und die Karotten in einer Pfanne mit der Gewürzmischung aus der Instantnudelverpackung bei mittlerer Hitze in der Margarine andünsten. Ein wenig Nudelwasser (2–3 EL) kann während des Bratens zugefügt werden. Nun die Kokosmilch zugeben und kurz aufkochen lassen.

3. Die fertigen Nudeln in die Pfanne geben und alles gut umrühren. Zum Schluss ein Ei in die Pfanne schlagen, unterrühren und die Nudeln 2 Minuten braten.

ONE-POT-NUDELN

Ich liebe One-Pot-Gerichte, da man mit ihnen wunderbar Zeit und Energie sparen kann. In meiner ersten Wohnung besaß ich gerade mal zwei Töpfe und damals wie heute achte ich sehr auf meine Stromkosten. Dieses Gericht fiel mir früher leider nicht ein, doch ich weiß, ich hätte es geliebt.

FÜR 2 PORTIONEN:
250 g Nudeln
Salz
1 Packung passierte Tomaten (500 g)
2 Stängel Basilikum
Pfeffer
Knoblauchpulver
2 EL Kräuterfrischkäse
1–2 Scheiben Schnittkäse (optional)

1. Die Nudeln mit Wasser bedecken und mit einer Prise Salz zum Kochen bringen. Nach 5 Minuten die Tomaten zufügen. Das Basilikum abbrausen, trocken schütteln, mit einer Schere klein schneiden und ebenfalls zugeben. Alles mit Salz, Pfeffer und Knoblauchpulver würzen. Nach weiteren 5 Minuten den Frischkäse unterrühren.

2. Falls ihr noch Käse übrig habt, diesen klein schneiden und ebenfalls unterrühren.

3. Wenn die Nudeln gar sind, ist dieses leckere Gericht fertig!

Falls ihr noch Gemüsereste, wie z. B. Paprika oder Zucchini im Haus habt, die aufgebraucht werden müssen, können diese mit in den Topf. Dafür könnt ihr diese klein schneiden und kurz in etwas Öl anbraten, bevor ihr die Nudeln und das Wasser zufügt. So muss nichts weggeschmissen werden und euer One-Pot-Gericht wird noch gesünder und abwechslungsreicher.

INSTANTNUDELN MIT KAROTTEN UND CHAMPIGNONS

Das Gericht dauert keine 15 Minuten und ist eine etwas gesündere Variante der typischen Instantnudeln. Generell habe ich gelernt, beim Kochen immer offen für Neues zu sein, denn so entstehen die besten Gerichte und man wird immer wieder überrascht, wie wandelbar Essen sein kann.

FÜR 1 PORTION:
1 Karotte
2–3 Champignons
1 EL Margarine oder Butter
1 Packung Instantnudeln (60 g, Geschmacksrichtung nach Belieben)

1. Die Karotte schälen und in ganz feine Stifte schneiden oder mit der Reibe raspeln, so wird sie schneller gar. Die Champignons putzen und in feine Scheiben schneiden.

2. Die Karotte in einer Pfanne bei mittlerer Hitze in der Margarine andünsten. Die Champignons zufügen und ebenfalls kurz andünsten. Anschließend ca. 200 ml Wasser zugießen und die Gewürze der Instantnudeln zufügen. Sobald das Wasser kocht, die Instantnudeln zugeben, alles gut verrühren und ca. 5 Minuten köcheln lassen. Dann ist das Gericht auch schon verzehrfertig!

Wenn frische Champignons gerade nicht im Angebot sind oder keine Saison haben, könnt ihr natürlich auch Champignons aus der Dose verwenden.

ÜBERBACKENE INSTANTNUDELN

Während wir unsere Küche renoviert haben, hatten wir im Wohnzimmer eine provisorische Küche aufgestellt, in der wir ausschließlich mit Wasserkocher, Mini-Backofen und einer Mikrowelle klarkommen mussten. Die Kinder waren zum Glück in der Schule mit Mittagessen versorgt und ich hatte noch einige Packungen Instantnudeln zu Hause. Dabei kam ich auf die Idee, eine Art Auflauf daraus zu machen, der keine 15 Minuten dauert.

FÜR 1 PORTION:

1 Packung Instantnudeln (60 g, Geschmacksrichtung nach Belieben)
1 Dose gehackte Tomaten (400 g)
1 Packung Mozzarella (125 g)
1 Handvoll Basilikum (optional)

1. Die Gewürzmischung aus der Packung Instantnudeln mit den Tomaten vermischen. Den Mozzarella klein schneiden.

2. Die Nudeln gemeinsam mit den Tomaten und dem Mozzarella in eine kleine Auflaufform geben. Das Ganze für ca. 10–15 Minuten bei 150 °C Umluft in den Backofen schieben. Danach wird noch einmal alles miteinander vermischt.

3. Mit Basilikumblättchen garnieren und servieren.

SPAGHETTI IN CREMIGER TOMATEN-SOSSE

Dieses Gericht kann ich meinen Kindern immer auftischen und ich weiß, dass es definitiv aufgegessen wird. Ein echter Klassiker, den man auch mit anderen Gemüseresten aus dem Kühlschrank kombinieren kann.

FÜR 4 PORTIONEN:

2 Zwiebeln
1 Knoblauchzehe
500 g Cherrytomaten
3 EL Öl
500 g Spaghetti
Salz
Kräutersalz
3 EL Frischkäse
etwas Streukäse (optional)
1 Handvoll Basilikum (optional)

1. Die Zwiebeln und den Knoblauch schälen und klein schneiden. Die Tomaten waschen und zusammen mit den Zwiebeln, dem Knoblauch und dem Öl in eine Auflaufform geben und bei 150 °C Umluft für 20 Minuten im Ofen garen.

2. Währenddessen die Spaghetti nach Packungsanleitung in Salzwasser bissfest garen, abgießen und 1–2 Kellen Nudelwasser zurückbehalten.

3. Das Gemüse aus dem Ofen nehmen und mit einem Stabmixer zu einer Soße pürieren. In eine Pfanne geben und mit Kräutersalz würzen. Sobald die Soße anfängt zu köcheln, den Frischkäse und das Nudelwasser zufügen. Kurz unterrühren. Die gekochten Spaghetti ebenfalls in die Pfanne geben und alles für ca. 5 Minuten in der Pfanne braten.

4. Mit Streukäse bestreuen und mit Basilikum garnieren.

NUDEL-ZUCCHINI-TOPF

Ich esse für mein Leben gerne Zucchini und wenn diese im Angebot sind, koche ich so viel wie möglich damit. Dieses Gericht liebe ich besonders! Falls noch Käse im Haus ist, schmeckt er dazu superlecker.

FÜR 4 PORTIONEN:
500 g Nudeln
Salz
2 Zucchini
1 gr. Zwiebel
3–4 EL Margarine oder Butter
1 Prise Pfeffer
1 TL Knoblauchpulver
Paprikapulver
4 EL Tomatenmark
1 Dose gehackte Tomaten (400 g)
1 Packung passierte Tomaten (500 g)
etwas geriebener Käse (optional)

1. Die Nudeln nach Packungsanleitung in Salzwasser bissfest garen.

2. Währenddessen die Zucchini waschen, die Zwiebel schälen und beides klein schneiden. Mit der Margarine in einem Topf scharf anbraten. Die Gewürze zufügen. Das Tomatenmark zugeben und kurz mit dem Gemüse anbraten.

3. Die gehackten und passierten Tomaten zufügen. Sobald alles köchelt, die gekochten Nudeln mit in den Topf geben, alles gut umrühren und für weitere 5 Minuten köcheln lassen.

4. Mit etwas Käse bestreut servieren.

SCHNELLE FADEN-NUDELN MIT ZUCCHINI

Beim Einkaufen habe ich die Fadennudeln entdeckt, die sehr schnell zubereitet werden können. Seitdem habe ich sie auf Vorrat immer zu Hause. Bei diesem Gericht kombiniere ich sie mit Zucchini, mittlerweile eines meiner Lieblingsgerichte!

FÜR 2 PORTIONEN:
1 rote Zwiebel
1 Zucchini
1 EL Margarine
1 EL Tomatenmark
1 TL Knoblauchpulver
1 TL Paprikapulver
1 TL Salz
50 ml Milch
2 EL Kräuterfrischkäse
250 g Fadennudeln
1 Stängel Petersilie

1. Die Zwiebel schälen und klein schneiden. Die Zucchini waschen und ebenfalls klein schneiden. Die Zwiebel und die Zucchini mit der Margarine und dem Tomatenmark in der Pfanne für ca. 3 Minuten scharf anbraten.

2. Die Gewürze zugeben. Die Milch, 50 ml Wasser und den Frischkäse ebenfalls zufügen und alles aufkochen. Nun die Fadennudeln zugeben und 5 Minuten lang köcheln lassen.

3. Die Petersilie abbrausen, trocken schütteln und in feine Streifen schneiden.

4. Sind die Nudeln gar, können sie mit der Petersilie bestreut serviert werden.

INSTANTNUDELN IN CHEESY SAUCE

Nudeln mit Käse gehen meiner Meinung nach immer. Besonders auf TikTok ging dieses schnelle Gericht viral und zählt wohl zu den beliebtesten. Genau deshalb gehört es auch in dieses Buch.

FÜR 1 PORTION:
100–200 ml Milch
1 Packung Instantnudeln (60 g, Geschmacksrichtung nach Belieben)
2 Scheiben Schmelzkäse

1. Die Milch und die Nudeln kommen gleichzeitig in eine Pfanne oder in einen Topf. Wer die Käsesoße eher dickflüssig mag, nimmt nur 100 ml Milch. Wer sie lieber etwas flüssiger mag, die doppelte Menge. Wer es nicht so cremig mag, kann die Milch zu einem Teil durch Wasser ersetzen.

2. Sobald alles köchelt, die Käsescheiben zufügen. Den Käse unter ständigem Rühren schmelzen lassen. Nach ca. 5 Minuten sind die Nudeln gar und ihr könnt sie genießen.

SCHUMMELSPAGHETTI

Ich mache mir oft Gedanken darüber, wie ich meinen Kindern gesunde, günstige Lebensmittel zum Mittagessen zubereiten kann, die sie vielleicht nicht so gerne essen. Und da kam ich auf die Idee, eine Soße mit Haferflocken und Linsen zuzubereiten und sie zu pürieren, um sie den Kindern so „unterzuschummeln". Und ich hätte es nicht gedacht, aber sie mögen die Soße sogar!

FÜR 4 PORTIONEN:

500 g Spaghetti
Salz
2 Zwiebeln
4 Tomaten
1 Handvoll Basilikum
3–4 EL Haferflocken
2 EL Olivenöl plus etwas zum Anbraten
1 Dose gehackte Tomaten (400 g)
150 g rote Linsen
Pfeffer
etwas geriebener Parmesan

1. Die Spaghetti nach Packungsanleitung in Salzwasser bissfest garen.

2. Währenddessen die Zwiebeln schälen und klein schneiden. Die Tomaten waschen und ebenfalls klein schneiden. Das Basilikum abbrausen, trocken schütteln und fein hacken.

3. Die Zwiebeln und die Haferflocken in einem Topf mit dem Olivenöl anschwitzen. Die Tomaten und die gehackten Tomaten zufügen und zum Kochen bringen. Ca. 150 ml vom Nudelwasser und die roten Linsen zufügen. Mit Basilikum, Salz und Pfeffer würzen. Alles für ca. 10 Minuten bei mittlerer Hitze einköcheln lassen. Zu einer Soße fein pürieren.

4. Die Spaghetti abgießen und mit etwas Öl in einer Pfanne anbraten. Nach und nach die Soße untermengen und alles für ca. 2 Minuten köcheln lassen.

5. Mit Parmesan bestreut servieren.

No 4

SÜSSE IDEEN UND FRÜHSTÜCKS-VARIANTEN

PFANNKUCHEN MIT APFELMUS

Ab und zu bekomme ich Tipps von meinen Followern und einer davon war ein echter Life Changer: der Tipp, Apfelmus als Ei-Ersatz zu verwenden. Ich war vom Ergebnis so begeistert, dass ich meine Pfannkuchen mittlerweile nur noch auf diese Weise zubereite.

FÜR 4 PORTIONEN:
400 g Mehl
6 EL Apfelmus
2 TL Backpulver
3 EL Zucker
1 Pck. Vanillinzucker
etwas Öl für die Pfanne

1. Alle Zutaten in eine Schüssel geben und 250 ml Wasser zufügen. Mit einem Handrührgerät oder einem Schneebesen zu einem geschmeidigen Teig verarbeiten.

2. Eine Pfanne mit Öl bestreichen und erhitzen. Sobald die Pfanne heiß ist, ca. 1 Suppenkelle Teig in die Pfanne geben und den Teig gleichmäßig verteilen. Den Pfannkuchen von beiden Seiten goldbraun backen. Aus der Pfanne nehmen und auf einen Teller geben. Warm halten. Mit dem übrigen Teig weitere Pfannkuchen backen, bis der Teig aufgebraucht ist.

Falls noch Pfannkuchenteig übrig bleibt, könnt ihr ihn in Eiswürfelbehälter füllen und einfrieren.

VEGANER MILCHREIS

Das Grundrezept für Milchreis habe ich mir von meiner Oma schon als Kind abgeguckt. Da man dafür nur wenige Zutaten benötigt, habe ich es mir einfach gemerkt. Irgendwann habe ich eine vegane Variante ausprobiert, und weil diese sehr gut bei den Kindern ankam, mache ich Milchreis inzwischen nur noch auf diese Art.

FÜR 4 PORTIONEN:
1 EL vegane Margarine oder vegane Butter
250–300 g Milchreis
800 ml Mandeldrink Vanille
3 EL Zucker
Zimt-Zucker

1. Die Margarine in einem Topf schmelzen und den Milchreis für 2–3 Minuten darin anbraten. Dann den Mandeldrink und 200 ml Wasser zugießen. Unter ständigem Rühren den Zucker in den Topf rieseln und den Milchreis bei mittlerer Hitze aufkochen lassen. Sobald er aufgekocht ist, kann der Herd ausgestellt werden. Den Milchreis für ca. 30 Minuten auf der noch warmen Herdplatte bei geschlossenem Deckel quellen lassen. Immer wieder umrühren, damit er nicht am Topfboden anbrennt.

2. Mit Zimt-Zucker servieren.

WAFFELN

Mindestens einmal in der Woche muss es bei uns Waffeln geben und eigentlich bereite ich diese immer unterschiedlich zu – je nachdem, welche Zutaten wir gerade zu Hause und auf welche Kombination wir Lust haben. Dieses hier ist unser Grundrezept und zudem vegan.

FÜR CA. 8 WAFFELN:
400 g Mehl
4 EL Zucker
4 EL Apfelmus
1 TL Backpulver
1 Pck. Vanillinzucker

AUSSERDEM:
1 Waffeleisen
etwas Öl zum Bestreichen des Waffeleisens
etwas Puderzucker zum Bestäuben

1. Das Mehl, 300 ml Wasser, Zucker, Apfelmus, Backpulver und Vanillinzucker gut miteinander verrühren, sodass ein glatter Teig entsteht.

2. Das Waffeleisen erwärmen. Mit etwas Öl einpinseln. Danach ca. 2 EL Teig auf dem Waffeleisen verteilen. Bei unserem Waffeleisen ist die Waffel in 3–4 Minuten fertig gebacken, je nach Waffeleisen kann die Backzeit jedoch variieren.

3. Die Waffeln mit etwas Puderzucker bestäuben und servieren.

GRIESSBREI

Grießbrei könnte ich jeden Tag essen, schon als Kind gehörte er zu meinen Lieblingsgerichten. Zudem ist er schnell zubereitet und sehr günstig. Ich mische die Milch immer mit Wasser, denn so benötigt man weniger davon und die Kinder haben es bisher auch nicht bemerkt. Das klappt besonders gut mit Vollmilch (3,5 % Fettgehalt).

FÜR 4 PORTIONEN:
1 l Milch
3 EL Zucker
1 Pck. Vanillinzucker
1 Prise Salz
90–100 g Weichweizengrieß
1 EL Butter oder Margarine
1 Glas Apfelmus
Zimt-Zucker

1. Die Milch mit 150 ml Wasser in einen Topf gießen. Zucker, Vanillinzucker und Salz einrühren und alles zum Kochen bringen. Sobald die Milch-Wasser-Mischung kocht, den Topf vom Herd nehmen. Den Grieß einrieseln lassen und mit einem Schneebesen unterrühren. Den Grießbrei zurück auf die Herdplatte stellen und erneut kurz aufkochen lassen. Dann für ca. 5 Minuten auf der noch warmen, aber ausgeschalteten Herdplatte quellen lassen.

2. Am Ende mit der Butter verfeinern. Mit Apfelmus und Zimt-Zucker servieren.

BROKE-BROT

Bei dem Rezept für das Broke-Brot habe ich mich ein wenig von dem Naan-Brot meiner englischen Gastmutter inspirieren lassen. Es ist schnell gemacht und man braucht dafür nur wenige Zutaten.

FÜR CA. 6 STÜCK:
250 g Mehl
1 TL Backpulver
100 g Joghurt
1 EL Sonnenblumenöl
1/2 TL Salz

1. Alle Zutaten mit 100 ml Wasser vermengen und 10 Minuten lang zu einem geschmeidigen Teig verkneten. Den Teig in sechs gleich große Teile teilen, jeweils zu einer Kugel formen und diese mit der Hand oder dem Nudelholz platt drücken.

2. Die Teiglinge auf ein mit Backpapier ausgelegtes Backblech legen. Wer mag, kann sie dünn mit etwas Joghurt bestreichen. Für ca. 10 Minuten bei 150 °C Umluft goldbraun backen. Aus dem Ofen nehmen, etwas abkühlen lassen und nach Lust und Laune belegen.

VEGANE SCHOKOMUFFINS

Mit dem Kuchen ohne Ei (siehe S. 110) hatte ich ein gutes Grundrezept und konnte mich weiter in der „Kunst des Backens“ ausprobieren. Diese Schokomuffins schmecken Jung und Alt – garantiert!

FÜR 12 MUFFINS:
300 g Mehl
150 g Zucker
1 Pck. Backpulver
100 ml Sonnenblumenöl
8 EL Apfelmus
100 g Backkakao
100 ml Selters
1 Tafel vegane Zartbitter-Schokolade

AUSSERDEM:
12 Muffin-Förmchen
1 12er-Muffinblech

1. Die Muffin-Förmchen auf dem Muffinblech verteilen.

2. Mehl, Zucker, Backpulver, Öl, Apfelmus, Kakao und Selters mit dem Handrührgerät zu einem glatten Teig verarbeiten. Den Teig gleichmäßig auf die vorbereiteten Muffin-Förmchen verteilen. Die Muffins auf der mittleren Schiene im Backofen für 25–30 Minuten bei 150 °C Umluft backen. Herausnehmen und abkühlen lassen.

3. Die Schokolade im Wasserbad schmelzen und die abgekühlten Muffins damit bestreichen.

ZIMTBRÖTCHEN

Gerade zur Weihnachtszeit sind diese Brötchen wegen ihres Zimtgeschmacks beliebt. Wenn man die Teigbällchen auf dem Backblech wie einen Tannenbaum anordnet, sind sie auch noch ein echter Hingucker.

FÜR CA. 12 BRÖTCHEN:
2 EL Margarine
230 ml Milch
500 g Mehl
1 EL Zimt plus 1 EL zum Bestreichen
2 EL Zucker plus 2 EL zum Bestreichen
1 Prise Salz
1 Pck. Trockenhefe

1. Die Margarine in einem Topf mit der Milch erhitzen.

2. Mehl, Zimt, Zucker, Salz und Trockenhefe in eine Schüssel geben. Sobald die Milch lauwarm ist, in die Schüssel gießen und alle Zutaten ca. 10 Minuten lang zu einem Teig verkneten. Diesen abgedeckt an einem warmen Ort ca. 2 Stunden ruhen lassen, damit er gut aufgehen kann.

3. Den Backofen auf 180 °C Umluft vorheizen und ein Backblech mit Backpapier auslegen.

4. Dann den Teig in 12 gleich große Teile teilen und zu Kugeln formen. Die Kugeln auf das vorbereitete Backblech geben und ein wenig platt drücken. 2–3 EL Wasser mit dem restlichen Zimt und Zucker verrühren und die Oberseite der Teiglinge damit bestreichen.

5. Die Brötchen 20–25 Minuten auf mittlerer Schiene goldbraun backen.

APFELMUFFINS MIT BLÄTTERTEIG

Wer für kleines Geld etwas Leckeres backen möchte, sollte dieses Rezept für Blätterteigmuffins ausprobieren.

FÜR 6 MUFFINS:
1 Rolle Blätterteig (270 g)
2 Äpfel
4 EL Zucker
Zimt (nach Belieben)
etwas Puderzucker zum Bestäuben

AUSSERDEM:
6 Muffin-Förmchen
1 6er-Muffinblech

1. Die Muffin-Förmchen auf dem Muffinblech verteilen.

2. Den Blätterteig aus der Verpackung nehmen und längs in 12 ca. 3 cm breite Streifen schneiden. Jeweils 2 Streifen über Kreuz in eine Muffinform legen.

3. Die Äpfel schälen, halbieren, entkernen und klein schneiden. Den Zucker in eine Pfanne geben und unter ständigem Rühren bei mittlerer Hitze schmelzen lassen. Sobald er flüssig ist, die Apfelstückchen zugeben und darin ca. 5 Minuten karamellisieren. Mit etwas Zimt würzen.

4. Die karamellisierten Äpfel mittig auf den Teigstreifen verteilen. Die Teigstreifen von beiden Seiten darüber klappen. Die Enden oben zusammendrehen und mit ein wenig Wasser bestreichen.

5. Die Muffins auf der mittleren Schiene bei 180 °C Umluft für ca. 15 Minuten goldbraun backen. Herausnehmen, abkühlen lassen und mit Puderzucker bestäuben.

TOASTCORNFLAKES

Meine Oma bereitete mir früher oft Toastcornflakes zum Frühstück zu. Mir war lange Zeit gar nicht bewusst, dass sie das machte, weil möglicherweise das Geld knapp war. Doch ich habe es geliebt und nur ein wenig abgeändert.

FÜR 2 PORTIONEN:
2–3 Scheiben Toastbrot
2–3 EL Margarine oder Butter
Zimt
Zucker
100 ml Milch

1. Das Toastbrot klein würfeln und in der Pfanne bei mittlerer Hitze in der Margarine goldbraun braten. Nach Belieben mit Zimt und Zucker verfeinern.

2. Sobald das Toastbrot schön knusprig ist, in eine Schüssel geben und etwas abkühlen lassen. Das Ganze mit Milch aufgießen und als Frühstück genießen.

Wenn ihr von Ostern, Weihnachten oder Geburtstagen noch Schokolade übrig habt, die wegmuss, könnt ihr diese fein hacken und mit in die Schüssel geben. Damit werden die Toastbrotwürfel allerdings eher zu einem süßen Nachtisch.

ZUCKERSÜSSE SCHUPFNUDELN

Ich kannte keine Schupfnudeln und habe sie das erste Mal gegessen, als ich um die 30 Jahre alt war. Da ich schon immer ein Fan von Nudeln mit Zimt und Zucker war, dachte ich mir, warum sollte ich das nicht auch mit Schupfnudeln ausprobieren?

FÜR 2 PORTIONEN:
2–3 EL Margarine, Butter oder Öl
1 Packung Schupfnudeln (500 g)
Zimt
Zucker
etwas Apfelmus

1. Die Margarine in der Pfanne zerlassen. Die Schupfnudeln für 3–5 Minuten bei mittlerer Hitze darin braten. Zimt und Zucker nach Belieben zufügen, alles gut umrühren und die Schupfnudeln für weitere 2–3 Minuten goldbraun braten.

2. Auf die Teller verteilen und mit etwas Apfelmus anrichten.

Das Gericht ist vor allem bei Kleinkindern beliebt.

KUCHEN OHNE EI

Backen war eigentlich nie meine Leidenschaft, doch nach und nach wuchs mein Interesse daran. Und weil ich mich zudem für die vegetarische und vegane Küche interessiere, habe ich immer mehr ausprobiert und dieses einfache Rezept für einen veganen Kuchen ausgetüftelt.

FÜR 1 BACKBLECH (40 X 25 CM):

etwas vegane Margarine zum Einfetten des Blechs
350 g Mehl
150 g Zucker
1 Pck. Backpulver
100 ml Sonnenblumenöl
8 EL Apfelmus
150 ml Zitronenlimonade
etwas Puderzucker zum Bestäuben

1. Ein Backblech einfetten.

2. Mehl, Zucker, Backpulver, Öl, Apfelmus und Limonade mit dem Handrührgerät zu einem glatten Teig verarbeiten. Gleichmäßig auf dem Backblech verteilen und glatt streichen.

3. Den Kuchen bei 180 °C Umluft auf der mittleren Schiene im Ofen für 25–30 Minuten goldbraun backen. Herausnehmen und abkühlen lassen.

4. Mit Puderzucker bestäuben, fertig!

EINFACHER NACHTISCH

Wer kennt es nicht: Man kocht ein leckeres Gericht und ein Teil der Zutaten bleibt übrig und man hat keine Ahnung, was man daraus zubereiten kann. So geht es mir häufig mit übrig gebliebener Kokosmilch. Doch mittlerweile weiß ich, dass diese auch eingefroren werden kann. Oder man verwendet sie für diesen leckeren Nachtisch.

FÜR 2 PORTIONEN:
2 Bananen
1–2 EL Zucker
2 EL Margarine oder Butter
100 ml Kokosmilch
etwas Zimt

1. Die Bananen klein schneiden und mit dem Zucker und der Margarine in einem Topf bei mittlerer Hitze goldbraun braten. Die Bananen in eine Schüssel geben.

2. Die Kokosmilch im selben Topf erwärmen. Über die Bananen gießen und mit Zimt bestreut servieren.

DAS MUSS WEG

VEGANER NUDELSALAT

Übrig gebliebene Nudeln müssen nicht weggeworfen werden – sie lassen sich prima in einen leckeren Nudelsalat verwandeln.

FÜR 2 PORTIONEN:
150 g Cherrytomaten
50 g Rucola
300 g Nudeln (ohne Ei)
4–5 EL vegane Mayonnaise
1 EL Kräutersalz

1. Die Tomaten waschen und klein schneiden. Den Rucola ebenfalls waschen und verlesen.

2. Die vorgekochten, kalten Nudeln mit den Tomaten und dem Rucola vermengen. Die Mayonnaise zufügen und untermischen. Zum Schluss mit Kräutersalz würzen. Den Salat für 30 Minuten abgedeckt im Kühlschrank ziehen lassen. Dann kann der Salat serviert werden.

JOGHURT MIT FRUCHTSOSSE

Wer noch eingefrorene Nektarinen (siehe Spartipps) oder frische Früchte zu Hause hat, die möglichst schnell aufgebraucht werden müssen, kann daraus diesen leckeren Nachtisch zaubern.

FÜR 4 PORTIONEN:
2–3 Nektarinen
1 EL Margarine oder Butter
1–2 EL Zucker
500 g Joghurt

1. Die frischen Nektarinen waschen, halbieren, entkernen und klein schneiden. In der Pfanne mit der Margarine und dem Zucker ca. 5 Minuten anbraten.

2. Etwas abkühlen lassen. Die Nektarinen mit einem Stabmixer in einem hohen Gefäß klein pürieren, bis kaum noch Stückchen übrig sind. Die pürierten Nektarinen durch ein Sieb passieren.

3. Den Joghurt auf vier Schälchen verteilen und mit der Fruchtsoße toppen.

SCHNELLE GEMÜSESUPPE

Wenn der Hunger nicht allzu groß ist und so manches Gemüse aus dem Kühlschrank unbedingt aufgebraucht werden muss, ist dieses schnelle Gericht eine sehr gute Lösung.

FÜR 1–2 PORTIONEN:
2–3 Tomaten
1 rote oder gelbe Paprika
2 Karotten
1 Zwiebel
1–2 Stängel Petersilie
1–2 EL Olivenöl
1 TL Knoblauchpulver oder 1 frisch gepresste Knoblauchzehe
1 EL Tomatenmark
1–2 TL Instant-Gemüsebrühe
1 TL Zucker

1. Die Tomaten waschen und klein schneiden. Die Paprika waschen, von Samen und Scheidewänden befreien und klein schneiden. Die Karotten und die Zwiebel schälen und klein schneiden. Die Petersilie abbrausen, trocken schütteln und fein hacken.

2. Das klein geschnittene Gemüse in der Pfanne mit dem Olivenöl, dem Knoblauch und dem Tomatenmark für ca. 5 Minuten scharf anbraten. Dann 250 ml Wasser zugießen und die Brühe und den Zucker zugeben. Bei mittlerer Hitze ca. 10 Minuten köcheln lassen, bis das Gemüse weich ist. Mit einem Stabmixer werden alle Zutaten zu einer cremigen Suppe püriert.

3. Die Suppe mit Petersilie bestreuen und servieren.

Dazu schmecken gebratene Brotkanten (siehe S. 42).

Mehl
Zucker
Graupen
125

BRÜHE AUS GEMÜSERESTEN

Ich benutze oft Instantbrühe, habe aber nach gründlicher Recherche und mithilfe der Tipps meiner Oma inzwischen gelernt, wie ich aus Gemüseresten selbst Brühe herstellen kann. Wenn man diese in Eiswürfelbehältern einfriert, hat man sie immer zu Hand und kann sie für Suppen und zum Würzen jederzeit nutzen.

FÜR CA. 2 L BRÜHE:
500–800 g Gemüsereste, z. B. Paprika, Möhren- und Zwiebelschalen, Zucchini, Lauch und Knollensellerie
1 EL Salz
1 TL Pfeffer
Knoblauchpulver (nach Belieben)
Chilipulver (nach Belieben)

1. Wenn ihr Gemüse für ein Gericht schnippelt, bewahrt die Reste in einer fest verschließbaren Dose im Gefrierschrank auf.

2. Sobald ihr einiges an Gemüseresten angesammelt habt, kommt das tiefgefrorene Gemüse in einen großen Topf. Diesen mit Wasser auffüllen, sodass alles bedeckt ist. Salz und Pfeffer sowie Knoblauch- und Chilipulver zufügen. Das Gemüse bei mittlerer Hitze für 1–2 Stunden köcheln lassen. Durch ein Sieb abgießen. Die Brühe abkühlen lassen und entweder in Eiswürfelbehälter füllen oder in Gläser mit fest verschließbarem Deckel abfüllen. Innerhalb eines halben Jahres aufbrauchen.

CHIPS AUS KARTOFFELSCHALEN

Wie oft werden Kartoffelschalen weggeschmissen? Dabei kann man daraus leckere Chips herstellen und spart sich eine weitere Ausgabe. Zudem kommen diese Chips ohne künstliche Geschmacksverstärker, Aromen und Zucker aus.

FÜR 1 SCHÜSSEL:
Kartoffelschalen von 5–6 Kartoffeln
3 EL Sonnenblumenöl
1 TL Knoblauchpulver
1 TL Paprikapulver (geräuchert)
½ TL Salz

1. Die Kartoffelschalen gründlich waschen und trocken tupfen. Anschließend mit dem Öl und den Gewürzen in einer Schüssel vermengen.

2. Ein Backblech mit Backpapier auslegen und die Kartoffelschalen gleichmäßig darauf verteilen. Für 15–20 Minuten bei 180 °C Umluft im Ofen knusprig backen.

Mit einem Kräuterquark als Dip schmecken sie besonders lecker.

LASAGNE-NUDELN MIT ZUCCHINI

Eines Tages hatte ich richtige Lust auf ein Nudelgericht, allerdings keine Nudeln mehr im Haus. Da fand ich die Lasagneplatten und dachte mir, warum diese nicht einfach wie „normale Nudeln" verwenden? Zudem hatten meine Kinder riesigen Spaß daran, die Lasagneplatten in kleine Stücke zu brechen.

FÜR 2 PORTIONEN:
250 g Lasagneplatten
Salz
1 gr. Zucchini
1 Knoblauchzehe
1 Zwiebel
1 EL Olivenöl
1 EL getrocknetes Basilikum
etwas Streukäse

1. Die Lasagneplatten in kleine Stücke brechen und in kochendes Salzwasser geben. Für 10–15 Minuten im Wasser kochen. Ab und zu umrühren, damit die Lasagneplatten nicht zusammenkleben.

2. Währenddessen die Zucchini waschen und in sehr feine Scheiben schneiden. Den Knoblauch und die Zwiebel schälen und klein schneiden. Das Olivenöl in einer Pfanne erhitzen und Zwiebel, Knoblauch und Zucchini darin ca. 5 Minuten anbraten.

3. Sobald die Lasagnenudeln gar sind, abgießen. Dabei etwas Nudelwasser zurückbehalten und mit den Lasagnenudeln in die Pfanne geben. Mit dem Gemüse vermengen und mit dem Basilikum würzen. Auf den Tellern anrichten und mit Streukäse bestreuen.

KARTOFFEL-LINSEN-SUPPE

Früher bin ich so gar nicht mit Linsen in Berührung gekommen, doch seitdem ich meine ersten eigenen Gerichte damit gekocht habe, bin ich ein absoluter Fan von diesem Gemüse. Es ist so vielseitig einsetzbar und dazu sehr sättigend.

FÜR 4 PORTIONEN:
350 g Kartoffeln
2–3 Karotten
2 Zwiebeln
250 g Cherrytomaten
1–2 Stängel Koriander plus etwas zum Garnieren
2 EL Margarine
1 EL rote Currypaste
Salz
1 TL Currypulver
1 TL Paprikapulver
150 g rote Linsen
1 EL Sahne

1. Die Kartoffeln und die Karotten schälen und in kleine Stücke schneiden. Die Zwiebeln schälen und ebenfalls klein schneiden. Die Cherrytomaten waschen und halbieren. Den Koriander abbrausen, trocken schütteln und fein hacken.

2. Die Zwiebeln und die Cherrytomaten mit der Margarine in einem Topf für ca. 5 Minuten bei mittlerer Hitze anbraten. Dann die Currypaste, die Gewürze und den Koriander zufügen und alles für weitere 5 Minuten braten. Danach die klein geschnittenen Kartoffeln und Karotten zugeben. Nach weiteren 5 Minuten die Linsen zufügen und alles mit Wasser bedecken. Für 10–15 Minuten bei geschlossenem Deckel köcheln lassen, bis das Gemüse gar ist.

3. Zum Schluss mit dem Stabmixer grob pürieren. Die Suppe auf Teller verteilen. Mit einem Klecks Sahne und etwas Koriander garniert servieren.

LASAGNE-GEMÜSE-PFANNE

Übrig gebliebene Lasagneplatten lassen sich prima als Nudelersatz verwenden, z. B. in dieser leckeren Gemüsepfanne.

FÜR 2–3 PORTIONEN:
8–10 Lasagneplatten
Salz
1 Dose Erbsen mit Karotten (500 g)
1 EL Margarine oder Butter
Pfeffer
2 Stängel Schnittlauch
2 Stängel Petersilie
200 ml Sahne
100 g Schmelzkäse
3 EL Tomatenmark

1. Die Lasagneplatten in kleine Stücke brechen und in kochendes Salzwasser geben. Für 10–15 Minuten im Wasser kochen. Ab und zu umrühren, damit die Lasagneplatten nicht zusammenkleben.

2. Währenddessen das Dosengemüse abgießen und mit der Margarine bei mittlerer Hitze in einer Pfanne für 5 Minuten anbraten. Mit Salz und Pfeffer würzen.

3. Schnittlauch und Petersilie abbrausen, trocken schütteln, fein hacken und zufügen. Die Sahne, den Schmelzkäse und 2 EL von dem Nudelwasser unterrühren. Das Tomatenmark zugeben und alles gut verrühren. Die fertig gegarten Lasagnenudeln unterrühren und alles für weitere 5 Minuten einköcheln lassen.

KAROTTEN-KARTOFFEL-KOKOS-SUPPE

Das ist einfach das ideale Gericht, wenn Kartoffeln und Karotten unbedingt aufgebraucht werden müssen und noch ein Rest Kokosmilch im Kühlschrank ist.

FÜR 1–2 PORTIONEN:
300 g Kartoffeln
1 Zwiebel
3–4 Karotten
2 EL Margarine oder Butter
Kräutersalz
1 EL Instant-Gemüsebrühe
½ Dose Kokosmilch

1. Die Kartoffeln und die Zwiebel schälen und klein schneiden. Die Karotten ebenfalls schälen und klein schneiden.

2. Die Kartoffeln und die Zwiebel in einem Topf mit der Margarine und dem Kräutersalz kurz anbraten. Die Karotten zufügen und alles für ca. 5 Minuten bei mittlerer Hitze dünsten.

3. Die Gemüsebrühe mit 300 ml kochendem Wasser übergießen und umrühren. In den Topf gießen und das Gemüse für weitere 10–15 Minuten gar kochen.

4. Zum Schluss die Kokosmilch zufügen, kurz weiterköcheln lassen und die Suppe anschließend nach Belieben fein pürieren.

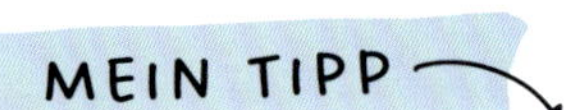

Mit getoastetem Brot zum Dippen schmeckt sie unglaublich gut.

VEGETARISCHE LASAGNE MIT LINSEN

Vor allem Fleisch und Fisch sind enorm teuer geworden. Auf der Suche nach Alternativen habe ich Linsen für mich entdeckt. Zusammen mit den Resten anderer Lebensmittel, die bei uns zu Hause häufig übrig sind, habe ich das Rezept für diese Lasagne kreiert.

FÜR 1 AUFLAUFFORM (CA. 20 X 34 CM):

1 Zwiebel
2 EL Margarine
2 EL Tomatenmark
4 EL rote Linsen
2 EL Instant-Gemüsebrühe
200 g Rahmspinat (TK)
1 TL Salz
1 TL getrocknetes Basilikum
1 TL Knoblauchpulver
3 EL Frischkäse
9 Lasagneplatten
250 g geriebener Mozzarella

1. Die Zwiebel schälen und klein schneiden. Mit der Margarine und dem Tomatenmark in der Pfanne anbraten. Die Linsen zufügen. Die Gemüsebrühe mit 200 ml kochendem Wasser übergießen, umrühren und ebenfalls in die Pfanne geben. Den Spinat und die Gewürze zugeben und alles für ca. 10 Minuten bei mittlerer Hitze zu einer Soße kochen. Zum Schluss den Frischkäse untermengen.

2. Danach in der Auflaufform abwechselnd die Soße und die Lasagneplatten stapeln, bis alle Lasagneplatten aufgebraucht sind. Mit der Soße abschließen. Den Mozzarella darüberstreuen.

3. Die Lasagne auf der mittleren Schiene für 25–30 Minuten bei 150 °C Umluft goldbraun backen.

EASY CHEESY WRAP PIZZA

Kein Geld für den Lieferservice, aber Lust auf eine schnelle Pizza und zufällig sind noch Wraps zu Hause? Mit diesem Gericht wird der Heißhunger auf Pizza gestillt und man spart sich den Lieferdienst.

FÜR 1 PIZZA:
3 EL Tomatenmark
1 TL Kräutersalz
½ Paprika
2 EL Knoblauchbutter
2 Weizentortillas (Wraps)
2 EL Mais
250 g geriebener Käse oder 4 Scheiben Schnittkäse
getrockneter Oregano

1. Zuerst das Tomatenmark mit 2 EL Wasser und dem Kräutersalz vermengen. Die Paprika waschen, von Samen und Scheidewänden befreien und sehr klein schneiden. 1 EL der Knoblauchbutter auf beiden Seiten der Wraps verteilen.

2. Einen der Wraps in eine ofenfeste Pfanne geben und bei mittlerer Hitze anbraten. Währenddessen die Tomatensoße, Paprika und Mais gleichmäßig darauf verteilen und mit der Hälfte des Käses bestreuen. Mit dem zweiten Wrap bedecken und darauf den restlichen Käse verteilen.

3. Die Pfanne für 10 Minuten bei 150 °C Umluft in den Backofen schieben. Sobald der Käse leicht gebräunt ist, die Wrap-Pizza herausnehmen und mit etwas Oregano bestreut servieren.

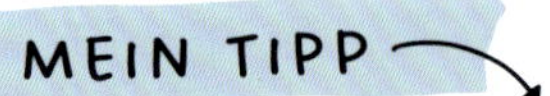

Die Wrap-Pizza schmeckt zur Not auch ohne Gemüse in der Füllung. Falls ihr noch Tomaten oder anderes Gemüse übrig habt, könnt ihr Paprika und Mais damit ergänzen oder dagegen austauschen.

VEGETARISCHE KARTOFFELPATTIES MIT KRÄUTERQUARK

Jeder kennt doch das traditionelle und vor allem preiswerte Gericht „Pellkartoffeln mit Kräuterquark". Falls von den Pellkartoffeln noch etwas übrig geblieben ist, könnt ihr daraus diese köstlichen Patties zaubern.

FÜR 3–4 PATTIES:
5–6 gekochte Kartoffeln vom Vortag
1–2 Stängel Petersilie
2 EL Haferflocken
100 g Kichererbsen (Dose)
2 TL Knoblauchpulver
1 TL Paprikapulver
Salz
Pfeffer
3–4 EL Mehl
1 EL Kartoffelstärke
1 Zwiebel
1–2 EL Sonnenblumenöl
400 g Kräuterquark

1. Die Kartoffeln schälen und klein stampfen. Die Petersilie abbrausen, trocken schütteln und fein hacken. Die Haferflocken mit etwas warmem Wasser mischen. Die Kichererbsen abschütten und mit den Haferflocken in einem Mixer pürieren. Mit den gestampften Kartoffeln, der Petersilie und den Gewürzen in einer Schüssel gründlich vermengen. Das Mehl und die Kartoffelstärke zufügen und ebenfalls unterkneten, sodass eine formbare Masse entsteht.

2. Die Zwiebel schälen und klein schneiden. Das Öl in der Pfanne erhitzen und die Zwiebel zugeben, das verbessert den Geschmack.

3. Aus der Kartoffelmasse 3–4 Kugeln formen und diese zu Patties platt drücken. Die Patties für 5–7 Minuten in der Pfanne von beiden Seiten goldbraun braten.

4. Mit Kräuterquark servieren.

REZEPTREGISTER

ZUTATENREGISTER

DAS BIN ICH

Hallo, mein Name ist Jenny, ich bin 34 Jahre alt und alleinerziehende Mama von drei wunderbaren Kindern. Noch vor vier Jahren hätte ich es nie für möglich gehalten, dass ich hier aufschreibe, wie wir zu dem geworden sind, was wir jetzt sind. Denn damals war ich plötzlich alleinerziehend und musste von vorne beginnen.

Ich drehte damals kurze spaßige Videos für TikTok, um mich von meinen Sorgen abzulenken. Aus einer Laune heraus habe ich irgendwann zusammen mit meinem Sohn ein Kochvideo gedreht und hochgeladen. Das war das erste Video, das viral ging. Nach und nach kamen Videos zum Thema „Sparen" hinzu und ich begann, meine „Broke Gerichte" zu zeigen.

Ich bin bei Pflegeeltern und im Kinderheim aufgewachsen, deshalb musste ich schon früh lernen, mit wenig Geld zurechtzukommen. Als ich mit 16 meine erste eigene Wohnung bezog, habe ich mir viele Gerichte mit Instantnudeln ausgedacht, weil für mehr einfach kein Geld da war. Einige dieser Gerichte postete ich auf TikTok und Instagram. Sie kamen so gut an, dass ich ins kalte Wasser gesprungen bin und mich als Content-Creatorin selbstständig gemacht habe. So entstand unser Kanal „foodandfamily".

Nach und nach habe ich festgestellt, dass die Nachfrage nach günstigen Gerichten und Spartipps sehr groß ist. Ich lernte viele tolle Menschen kennen, die mir ihre Geschichten erzählten und denen ich mit meinen „kleinen" Rezepten ein wenig weiterhelfen konnte. Zudem ermöglichte der sparsame Lebensstil es uns, unsere Küche zu renovieren und das allererste Mal gemeinsam in den Urlaub zu fahren. Und allein das motiviert mich dabei, am Ball zu bleiben.

Es ist erstaunlich, wie sich das Leben in kurzer Zeit verändern kann, und ich bin sehr glücklich darüber, dass ich diese Chance bekommen habe und mein Wissen weitergeben kann.

DANK

Mir ist es sehr wichtig, mich an dieser Stelle bei den Menschen zu bedanken, die mich dazu ermutigt haben, dieses Buch zu schreiben. Bei den Menschen, die mir durch eine schwere Zeit geholfen und mir gezeigt haben, wie wertvoll ich bin und was ich alles in meinem Leben erreichen kann.

Liebe Monique, liebe Steffi, liebe Jule, liebe Marianne, liebe Nicole, liebe Christin und liebe Melli, ihr habt viel mit mir durchgemacht und mir zur Seite gestanden, als es mir nicht gut ging. Ich möchte mich dafür bedanken, dass ihr mich darin bestärkt habt, diesen Weg zu gehen. Auch wenn wir uns alle nicht häufig sehen oder uns in mancherlei Hinsicht vielleicht auseinandergelebt haben – ich bin froh, dass es euch gibt!

Außerdem möchte ich mich bei einem ganz besonderen Menschen in meinem Leben bedanken, meiner Oma. Du hast mir alles Wichtige zum Thema Kochen und Backen beigebracht. Dank dir habe ich gelernt, bewusst mit Lebensmitteln und Geld umzugehen und dankbar dafür zu sein, täglich etwas zu essen auf dem Tisch zu haben. Und dass es nicht immer darauf ankommt, was man isst, sondern mit wem zusammen man isst. Danke, liebe Oma, dass du immer für mich da warst und dir alle Mühe gegeben hast, mir die Mutter zu sein, die ich nie hatte. Ich habe dich ganz doll lieb.

Natürlich geht mein Dank auch an unsere große Community. Danke an all die lieben Follower da draußen, ohne euch gäbe es dieses Buch nicht! Und natürlich möchte ich mich bei dem Team vom Hölker Verlag bedanken, dass ihr auf mich zugekommen seid und so geduldig mit mir zusammen dieses Buch erarbeitet habt. Es war eine aufregende Reise und hat unglaublich viel Spaß gemacht.

Zum Schluss möchte ich mich bei meinen Kindern bedanken. Ich habe so ein riesiges Glück, euch drei kleine Wunder auf dieser Erde haben zu dürfen. Ihr habt mich auch bei diesem großen Projekt sehr unterstützt. Ihr seid mein Lebenselixier und der Grund dafür, warum ich nie aufhören werde zu kämpfen. Danke für eure Geduld, euer Verständnis und eure Liebe.

5 4 3 2 1 28 27 26 25 24

ISBN 978-3-7567-1008-9

in der Coppenrath Verlag GmbH & Co. KG
Hafenweg 30, 48155 Münster, Germany

www.hoelker-verlag.de

Für mehr Rezepte, Inspirationen und Einblicke aus dem Verlag folgt auch unserem **Instagram-Kanal: @hoelkerverlag**

Rezepte und Texte: Jennifer Kuschel, www.foodfam.de
Foodfotos: Frauke Antholz, www.fraukeantholz.de
Portraitfotos: Carmen Jasmyn Hoffmann, www.wiedubist.com
Gestaltung und Satz: Stefanie Wawer, www.stefaniewawer.de
Redaktion und Lektorat: Mareike Bartholomäus, www.hafentexterei.de
Herstellung: Dana Günther
Litho: Eberl & Koesel Studio, Kempten